중화미각

짜장면에서 훠궈까지,
역사와 문화로 맛보는
중국 미식 가이드

중화미각

김민호
이민숙
송진영
외 지음

문학동네

일러두기
표기는 국립국어원 외래어표기법을 따르되 지명은 한자음으로, 음식명은 현지음과 한자음 중 한국에서 더 널리 쓰이는 이름으로 표기했으며 광범위하게 통용되는 명칭이 있을 때는 이를 참조했다.

중국을 맛있게 읽어내다

지금으로부터 300여 년 전, 연경으로 가던 조선 연행사들은 중국음식이 입맛에 맞지 않아 몹시 고생했다. 쌀은 불면 날아갈 듯 찰기가 거의 없어 밥을 지어도 도저히 먹을 수가 없었고, 고기와 생선 반찬 역시 젓가락 한번 댈 수조차 없을 정도로 낯설었다. 그런데 마침 항아리에 저장해서 가져간 짭짤한 조선식 무장아찌가 있었다. 무장아찌는 구미에 맞지 않아 비위가 상할 대로 상한 연행사의 우두머리부터 하인까지 모두를 단번에 구원했다. 이들은 한마음으로 장아찌를 나누어 먹으며 중국 음식으로 지쳐버린 미각을 달랬기에 연행의 힘든 여정을 치러낼 수 있었다. 이렇듯 미각은 인간의 감각 중에서도 가장 보수적이다. 인간이 유행하는 스타일의 옷을 입어보고 색다른 거주지에서 살아볼 수는 있어도 먹는 것만큼은 쉽사리 받아들이지 않는 이유는 바로 미각의 보수성 때문이다.

연행사들이 낯선 중국음식을 거부하던 시대로부터 300여 년이 지난 지금, 우리의 미각은 새로운 것을 훨씬 쉽고 유연하게 받아들이고 있다. 중국 고유의 미각인 마라麻辣는 우리 곁에 흔하게 존재한다. 얼얼한 통증을 수반하는 중국식 매운맛의 인기는 보수적 입맛을 지녔던 연행사들과, 현재를 살아가는 우리의 차이를 보여준다. 그렇다면 오늘날 우리가 지금처럼 중국음식을 보다 편안하게 받아들이게 된 이유는 무엇일까? 바로 우리 주위에 많이 자리잡은 중화요릿집 덕분이다. 중국음식점에서 접하는 음식들은 우리가 외래 미각을 쉽게 받아들일 수 있게 해주었다. 짜장면, 탕수육 등의 배달 요리부터 연회석상의 코스 요리까지, 중화요리를 맛보면서 중국의 미각은 우리 혀에도 자연스럽게 녹아들어가 우리는 또다른 자극을 수용할 수 있게 되었다. 낯선 미각이 조금씩 익숙한 미각으로 자리잡아간다. 이제 우리는 중국음식이 품고 있는 이야기들을 풀어내고 들을 준비가 되었다.

이 책은 우리 가까이 있는 중화요릿집 차림표와 같이 친근하게 구성했다. 새콤한 전채, 기름진 생선과 고기 요리, 그리고 든든한 식사와 개운한 후식으로 이어지는 차림표를 입맛 다시며 살펴보듯이, 독자들은 이 책을 만나면 된다. 차려진 각각의 중국음식에는 식재료, 조리법, 그 음식을 먹은 사람들에 대한 이야기가 가득하다. 그러니 독자들께서는 마음껏 즐기시라. 그리고 책 곳곳에 넘쳐흐르는 요리 속 중국과 사람들의 이야기를 맛보시라.

이 책의 저자는 모두 중국문학을 전공한 한국중국소설학회 학자들이다. 올해 학회가 30주년을 맞이했다. 오랫동안 깊은 고증과 철저한 학술성과에 힘쓴 선배 학자들의 노력이 있었기에, 이러한 토대를 바탕으로 그간 연구해온 '이야기의 힘'을 오늘, 독자들과 나눌 수 있게 되었다. 이 책을 시작으로, 중국과 중국 이야기를 궁금해하는 독자들과 소통하며 학자의 시대적 의무를 다하고자 한다. 책이 나오기까지 힘을 모아주신 고마운 분이 많다. 문현선 선생님은 온 힘을 다해 글을 모으고 정리하는 노력을 아끼지 않았으며, 번득이는 아이디어로 활기를 불어넣어주었다. 그 밖에 일일이 소리 내어 부르지 못하지만 정성을 쏟아주신 모든 분께 감사드린다.

이 책을 읽는 독자들이 든든한 지식과 감칠맛 나는 재미를 얻어가길 바란다. 나아가 중국이라는 나라를 맛있게, 그리고 제대로 맛보는 계기가 『중화미각』에서 시작되길 바란다.

2019년 살진 말의 계절에
저자를 대표하여 최진아 쓰다

전채

前菜

오향장육

세상의 모든 향신료와 함께

접시에 얄팍하게 저민 고기가 수북하게 담겨 있다. 자세히 들여다보면 겹겹이 쌓인 고기 위로 새콤한 식초에 버무린 다진 마늘이 밤새 내린 함박눈처럼 소복하다. 하얀 지붕 위로는 향내 진한 고수 채와 어슷비슷 썰린 희고 푸른 파 줄기가 얹혀 있고, 식욕을 돋우는 붉은 고추기름까지 고운 빛깔로 흩뿌려져 있다. 젓가락을 들어 속을 헤쳐보면 가늘게 채썬 양배추 더미가 보인다. 접시 주위를 굴러다니는 검고 작은 주사위처럼 보이는 짠슬, 먹기 좋게 한입 크기로 썬 피단까지 있으면 금상첨화. 짭조름하면서도 새콤하고, 매콤하면서도 달큼한 맛에 군침이 돈다. 얇게 저민 차가운 고기 위에 양배추와 파와 고수를 얹고 하얀 마늘과 검은 짠슬까지 아울러 갓 구운 김으로 밥을 싸듯 곱게 싸서 입

먹음직스러운 오향장육과 쨘슬. 쨘슬은 오향장육에 곁들여
나오는 고기를 삶을 때 썼던 간장과 오향, 고기의 즙에 닭
발이나 돼지 껍질을 사용한 젤라틴을 녹여 굳힌 것이다.
쨘슬의 어원은 명확히 알려져 있지 않지만 아마도 요
리를 만들 때 사용되는 소스를 의미하는 '장즙醬汁'에서
나온 것 같다. 요즘은 닭발이나 돼지 껍질 대신 한천이
나 젤라틴 가루를 사용하기도 하고, 아예 쨘슬을 내놓지
않는 가게들도 있다. 그런 까닭에, 오향장육 애호가들 사
이에서는 '쨘슬이 나오지 않는 가게의 오향장육은 가짜'라는
믿음까지 존재한다. ⓒ 박상근

안에 밀어넣는다. 어딘가 낯설면서도 익숙한 맛이 입안에 가득 찬다. 잠깐만, 차가운 고기라고? 고기 요리란 모름지기 모락모락 김이 날 때 따뜻하게 먹어야 제맛 아니던가! 아니, 차게 먹어야 맛있다. 세상의 온갖 향신료를 품은 간장 속에서 나온 오향장육五香醬肉은 그렇게 먹는 요리다. 코스 요리에서 오향장육은 대개 앞접시에 한 점씩 놓인다. 배를 채우는 요리가 아니라 입맛을 돋우는 음식이기 때문이다. 아닌 게 아니라 짭조름한 간장 맛이, 새콤한 식초 맛이, 알싸한 마늘과 매콤한 고추기름 맛이, 그리고 뭐라 말할 수 없는 세상 모든 맛과 향이 입안에 가득 차면 위의 문이 열리고 아쉬운 마음에 간절히 배가 고파진다.

오향, 세상의 모든 향신료

오향장육의 오향五香은 다섯 가지 향신료를 이르는 말이다. 보통 팔각, 회향, 정향, 계피, 화초를 꼽는데 회향 대신 귤피를 꼽는 경우도 있다고 한다. 모두 고기의 잡내를 잡아주고 본연의 맛을 돋워주는 효능이 있는 향신료다. 중국 전통에서 다섯이라는 수는 '모두'라는 의미를 포함한다. 오색과 오방은 다섯 가지 색깔, 다섯 방향만 가리키는 것이 아니라 '세상의 모든 색깔', '세상의 모든 방향'을 뜻하기도 한다. 인간의 모든 감각은 오감으로 불리고, 우리가 느낄 수 있는 모든 맛은 오미라 일컫지 않던가! 오향도 마찬가지, 다섯 가지 향신료는 결국 세상

오향 중의 주인공 팔각
© 문헌선

의 모든 향신료를 가리킨다. 팔각, 회향, 정향, 계피, 화초, 귤피는 중국요리를 만드는 데 사용되는 거의 모든 향신료다. 그렇지만 오향장육을 만들 때 언제, 어디서나 모든 향신료를 쓰는 것은 아니다. 한국에서는 음식을 만들 때 향신료를 강하게 쓰지 않는다. 우리 입맛에 세상 모든 향신료의 맛과 향은 넘치는 듯해 잘 맞지 않다. 공자님께서도 지나침은 모자람만 못하다고 하셨다. 그래서 중국음식점에서도 종종 오향 가운데 한 가지만 골라서 쓴다고 한다.

오향 가운데 하나만 고르라면 절대 빠뜨릴 수 없는 것이 팔각八角이다. 차갑게 먹는 고기 요리인 오향장육을 만들 때는 고기의 잡내를 없애는 것이 관건인데, 오향 가운데 팔각이 이 역할을 가장 기특하게 해내기 때문이다. 꼭짓점이 여덟 개인 별 모양을 하고 있다 하여 스타 아니스star anise라고도 불리는 팔각은 톡 쏘는 듯 달큰한 특유의 향내를 지니고 있으며 상해 등 중국 남쪽 지역 요리에 주로 사용된다. 회향, 정향, 계피, 화초, 귤피 등도 혈액 순환을 돕고 위장을 달래며 후각과 미각을 자극한다. 이 향신료들은 마치 주인공인 팔각을 도와 오향장육이라는 작품을 완성하는 신스틸러 조연 같다. 오향장육은 세상의 이 모든 향신료를 넣어 끓여낸 간장 속에 신선하고 단단한 살코기를 삶아 숙성시킨 뒤 얇게 저며낸 요리다. 이 전채 요리에서 돋보이는 조연들은 향신료지만 요리의 맛을 보장하는 근본은 따로 있다. 바로 간장이다. 넉넉하게 포용하는 간장의 배려 없이는 장육醬肉이 완성되지 않는다.

간장의 맛

오향장육의 진정한 맛은 오향을 넉넉하게 품어주는 간장에서 나온다. 오향의 맛과 향은 간장을 통해서만 고기의 결을 따라 스며들기 때문이다. 우리 속담에도 "장맛을 보면 그 집안을 안다"는 말이 있다. 간장은 콩과 보리, 밀기울 등으로 발효시켜 만드는 메주의 부산물로, 요리의 간을 좌우한다. 오향장육은 강소, 안휘, 산동 등 중국 여러 지역에서 전채로 자주 내는 가정식 요리지만, 그 기원은 대부분 강소성 소주의 납육臘肉으로 소급된다. 납육은 섣달에 만드는 저장용 고기를 일컫는다. 소주 납육은 이렇게 만든다. 우선 깨끗하게 손질한 뒤 소금으로 문질러 한나절쯤 절인 고기를 오향 간장에 고아낸 다음 다시 설탕에 한소끔 담가둔다. 그 고기를 차갑고 건조한 겨울바람을 맞혀가며 숙성시킨다. 신선한 고기가 소금과 설탕과 간장의 세례를 차례로 받아 황금빛으로 윤이 나는 껍질과 빛깔 고운 살코기가 어우러진 먹음직

한 소주 납육으로 거듭나는 것이다. 납육은 전채를 비롯한 다양한 강소 요리에 사용되는데, 이처럼 재료의 맛을 최대한 살리는 강소 요리의 기본이 바로 간장이다. 산동 요리가 마늘, 파, 갓 등을 많이 사용해 톡 쏘는 강렬한 맛과 향으로 입맛을 당긴다면, 강소 요리는 간장으로 이끌어낸 담백한 맛과 은근한 향을 으뜸으로 친다. 강소 요리 중에서도 소주 지역 요리는 간장의 향미 중 단맛을 최대로 이끌어내는 특징을 지닌다. 간장은 짠맛을 기본으로 하지만 단맛, 감칠맛까지 아우른다. 간장 자체의 맛이 소주 납육, 즉 오향장육의 수준을 좌우한다고 해도 과언이 아니다.

중국에서 간장이 요리의 맛을 가름하는 조미료로 사용되기 시작한 것은 주나라 때의 일이니, 그 역사가 3000여 년에 이른다. 처음에 간장은 신선한 고기를 소금에 절이는 과정에서 발견되었다고 한다. 소금이 삼투압 작용을 일으키고 효소에 의해 분해된 단백질이 글루탐산과 핵산을 만들어내 이 성분들이 숙성되면서 감칠맛 풍부한 조미료가 된 것이다. 오늘날에도 피시 소스나 액젓처럼 동물성 재료로 만든 조미료들이 존재한다. 나중에 민간에서는 콩의 식물성 단백질을 주원료로 삼아 이와 같은 조미료의 맛을 재현하게 되었고, 그후 여러 요리에 간장이라는 재료가 널리 사용되기 시작했다. 말하자면 간장은 고기나 생선 없이도 그 감칠맛을 모방하는 데 중요한 역할을 하는 셈이다. 간장은 음식맛을 돋우는 데 쓰는 조미료일 뿐 아니라, 그 자체로 가난한 사람들의 밥상을 채우는 반찬 역할을 톡톡히 해냈다.

산동, 오향장육 전설의 고향

소주의 납육이 오향장육의 기원으로 꼽히기는 하지만, 우리에게 보다 익숙한 오향장육의 고향은 역시 산동성이다. 맨손으로 호랑이를 때려 잡은 양산박의 장사 무송이 가장 먼저 떠오르지 않는가!

무송은 『수호전』의 수많은 영웅 가운데서도 가장 널리 알려졌고, 비중으로 따져도 108호걸 가운데 작가의 사랑을 가장 많이 받은 인물이다. 무송타호武松打虎 고사는 다음과 같다. 어느 날 무송이 술에 취해 싸움을 하다가 관리를 때려 기절시키고 달아났는데 자신이 때린 관리가 죽지 않았다는 사실을 알게 되자 고향 청하현으로 돌아간다. 집으로 가는 길목에 경양강이라는 고개를 넘어야 하는데, 이 산마루에 호랑이 한 마리가 출몰해 사람을 자주 해쳤다. 그래서 고을 관청에서는 하루 중 오전 아홉시부터 오후 세시까지만 고개 출입을 허용했다. 더욱이 혼자 고개를 넘는 일은 엄격하게 금했다. 그러나 무송은 고개 아래 주막에서 이 소식을 접하고도 아랑곳없이 먼저 배를 든든히 채우려고 고기 두세 근을 주문했다. 또 이 주막에는 좋은 술이 있었는데, 워낙 독한 술이어서 팔지는 않고 요리를 주문하면 세 잔 따라주었다. '삼완불과강三碗不過岡'이라는 술로, '세 잔을 마시면 고개를 넘을 수 없다'는 뜻이었다. 무송은 이 술이야말로 자기에게 어울린다고 여겨 연거푸 열여덟 잔이나 들이켰다. 그러고는 친절한 주막 주인의 만류를 뿌리치고 해가 뉘엿뉘엿 저물어가는 경양강 고갯길로 들어섰다. 얼마 가지 않아 얼근해진 그는 술기운을 이기지 못하고 커다란 바위 위에 드러누워 잠을 청했다. 얼마쯤 눈을 붙였을까. 일진광풍이 몰아치더니 바위 뒤 숲속에서 갑자기 희뜩하니 커다란 물체가 덮쳐왔다. 무송은 깜짝 놀라 술기운을 떨치고 이 거대한 호랑이와 온 힘을 다해 싸우기 시작했다. 처음에는 아무렇게나 주워든 나무 몽둥이로 후려쳤지만, 몽둥이가 단단한 야수의 뼈에 부딪쳐 두 동강 나고 말았다. 결국 무송이 믿을 것은 자신의 두 주먹뿐이었다. 그는 두 손

으로 호랑이의 머리 가죽을 거머쥐고 땅바닥에 짓이긴 뒤, 호랑이가 몸부림치자 함께 땅바닥을 구르며 싸우기 시작했다. 무송은 왼손으로 호랑이 머리 가죽을 틀어쥐고 철퇴 같은 오른 주먹을 멋대로 휘둘렀다. 한 방에 관리의 생목숨을 뺏을 뻔한 완력이었다. 눈이며 코며 입이며 귀며 닥치는 대로 오륙십 차례나 두들겨 패니 무지막지한 야수도 더는 버티지 못

무송타호 고사를 소재로 만든 전지 剪紙 사진. 전지란 '가위로 오린 종이'라는 뜻으로, 중국의 종이 공예를 가리킨다. ⓒ 문현선

하고 그 자리에 쓰러졌다. 어둑해진 숲속에서 이처럼 생사의 일전을 벌인 무송은 청하현으로 향하지 않고 다시 고개 아래로 내려가 호랑이를 맨손으로 때려잡기 전에 마셨던 삼완불과강과 오향장육을 다시 청했다.

장육에 얽힌 또다른 이야기도 산동 지역과 관련 있다. 옛날 산동에 사는 어느 선비가 과거를 보러 북경까지 갔는데 그만 낙방을 하고 말았다. 마침 여비도 떨어져 호구지책으로 장육 가게를 열었다. 그가 만든 장육은 맛이 좋아 불티나게 팔렸다. 결국 그는 알뜰하고 참한 색시까지 얻어 북경에 눌러앉았다. 젊은 부부는 밤새 고기가 익는 것을 지켜보았는데, 추운 밤에는 둘이 익어가는 고기를 보면서 한잔 술을 나누는 것이 일상의 재미였다. 그런데 하루는 너무 피곤한 나머지 깜빡 잠이 들어 고기 건질 때를 놓치고 말았다. 잠에서 깨 깜짝 놀라 들여다보니 고기는 벌써 솥 안에서 곤죽이 되어 있었다. 알뜰한 색시가 그 육즙이 아까워 데쳐낸 고기 위에 발라두었다가 식은 뒤에 먹었다. 그런데 그 맛이 참으로 별미였다. 이 육즙 바른 고기를 먹은 손님들이 하나, 둘 늘어나면서 북경에서는 이 가게의 장육 맛을 모르는 사람이 없게 되었다. 심지어 미복을 하고 민심을 살피던 강희황제까지 몰래 와서 한번 맛보고는 반해버려 이 음식을 황궁 요리로 채택했다고 한다.

그래서 지금도 북경의 작은 골목에는 장육을 찬양하는 다음과 같은 사詞가 전한다.

국화에는 그윽한 향내가 있고, 대추에는 발그레 고운 빛이 있네.

밝은 달빛 아래 작은 집 부엌이 보이누나.

싱싱하게 살아 있는 재료에 약재가 들어간 국물이 끓고 있네.

부뚜막에는 붉게 타오르는 불빛, 주방장은 노곤하고 심부름꾼은 바쁘구나.

조상의 기술을 후손들이 받아 떨치며 고이 배워서 남쪽 북쪽으로 전하네.

밤을 새워 요리를 만들다가 새벽빛이 밝는구나.

육즙이 짙어갈수록 빛깔은 더욱 곱고 맛은 더더욱 달아지네.

문현선 ◆ 세종대학교 소프트웨어융합대학 초빙교수

이화여자대학교에서 사학과 중어중문학을 복수전공했고, 같은 대학원에서 중국 신화로 석사학위, 중국 대중문화로 박사학위를 받았다. 고전인문모임 문이원文而遠에서 고전 다시 쓰기 작업을 통해 '문턱이 낮은 인문학'을 지향하며 저술과 강의를 병행하는 한편, 옛이야기와 대중문화의 연계를 주제로 연구와 번역에 여력을 다하고 있다. 저서로 『무협』과 『삶에서 앎으로 앎에서 삶으로』가 있으며, 역서로 『나 제왕의 생애』 『행위예술』 『다리 위 미친여자』 『나는 남편을 죽이지 않았다』 『암시』 등이 있다.

량반황과

위장을 여는 시큼한 맛

◇◇◇◇◇◇◇◇◇◇◇◇◇◇◇◇◇◇◇◇◇◇

납작한 흰 접시에 수북이 담긴 오이 요리가 상 위에 놓인다. 가지런히 모양 좋게 담긴 다른 요리와 달리 한눈에 봐도 넓적한 중국 칼로 무심하게 대충 썬 모양이다. 이 푸르스름한 오이 위에 거칠게 다진 마늘 조각이 듬성듬성 보인다. 그 위에 윤기 도는 거무튀튀한 소스를 질척하게 끼얹었는데, 가까이 다가가면 이내 톡 쏘는 식초 향이 코를 찌른다. 얼핏 보기에는 전혀 특별할 것 없는, 그냥 오이다. 젓가락으로 한 조각 집어 별다른 기대 없이 입에 넣고 한입 베어 물면 순간, 아삭 하는 소리와 함께 시원하고 향긋한 오이 즙과 시금털털한 식초 맛이 섞이면서 예상하지 못했던 맛의 조화를 경험한다. 오, 이런 맛일 줄이야! 이 오묘한 맛을 어떻게 표현하면 좋을지 몰라 나도 모르게 두 눈을 동그랗게 뜬다. 어떻게 이런 맛이? 다시 한번 오이 접시를 쳐다보면서 자석에 이끌리듯 오이 하나를 더 집어든다. 이 요리는 중국식 오이무침, 량반황과凉拌黃瓜다.

가정집에서도 쉽게 만들어
먹는 음식 중 하나인
량반황과 ⓒ 이현서

눈으로 봐선 간장인지 식초인지 구별하기 어려울 정도로 검은빛이 도는 중국 식초와 알싸한 마늘이 어우러진 이 오이무침은, 유난히 기름에 볶고 튀긴 음식이 많은 중국요리를 먹기 전 전채 요리로 제격이다. 오이가 제철이어서 시원한 오이 향이 제대로 살아 있는 때는 더이상 설명이 필요 없다. 시원한 오이와 시큼한 식초가 조화를 이룬 깔끔한 량반황과 한 접시를 눈 깜짝할 새 다 먹고 나서도, 흥건한 식초 물에 잠긴 마늘 조각을 아쉬운 마음으로 긁어먹는 모습은 너무나 자연스러운 광경이다. 그제야 량반황과의 주재료는 오이가 아니었음을 깨닫는다. 시큼털털한 식초가 아니면 무슨 수로 이 맛을 낸단 말인가.

식초 하나만으로 맛을 낼 수 있는 요리는 없지만 식초가 안 들어가면 섭섭한 중국요리는 비단 량반황과만이 아니다. 갓 쪄내 뜨거운 김이 모락모락 나는 물만두를 푹 찍어 먹을 시큼한 식초 간장이 없다면, 튀김옷을 얇게 입혀 금방 튀겨낸 바삭한 탕수육에 뿌릴 소스가 달짝

량반황과는 주로 투명한 백초白醋보다는 천추라고 불리는 진초陳醋를 사용해 만든다. 3000년이 넘는 역사를 자랑하는 중국 진초는 수수를 주원료로 하는데, 빚은 후 오래 보관해 짙은 검은색을 띠며 쉽게 상하지 않는다. ⓒ 이현서

지근하기만 하다면, 매콤새콤한 맛으로 인기 많은 중경重慶의 인기 면 요리 쏸라펀酸辣粉에 신맛이 쏙 빠진다면, 감자를 곱게 채썰어 살짝 볶아낸 쏸라투더우쓰酸辣土豆絲에 소금 간만 한다면 얼마나 밋밋하겠는가. 먹어본 이라면 이들 요리는 마지막에 식초 한 방울이 들어갔을 때 비로소 제맛을 낸다는 걸 알 것이다.

　　그래서일까? 북송 사람 도곡陶穀은『청이록淸異錄』에서 "장은 온갖 진미의 주인이고, 식초는 음식의 총관"이라고 했다. 모든 악기가 한자리에 모였다고 해도 훌륭한 지휘자가 있어야 아름다운 연주가 완성되는 것처럼, 갖은 양념이 조화로운 맛을 내도록 지휘하는 조미료가 바로 식초라는 것이다.

왕의 조미료에서 서민의 생필품으로

인류가 만든 최초의 조미료라고 알려진 식초의 탄생은 술의 기원과 함께한다. 전설에 따르면, 중국 사람들이 술을 처음 만들었다고 믿는 두강이 어느 날 술을 만들다 남은 찌꺼기를 아들에게 버리라고 했다. 그런데 아들 흑탑은 아버지가 버리라고 한 술지게미가 아까워 몰래 항아리에 감춰두었다. 그러다 21일이 지난 유시酉時, 오후 5시~7시쯤, 갑자기 술지게미를 담아둔 항아리가 생각나 얼른 가서 뚜껑을 열어보니 지금까지 맡아본 적 없는 향기가 코를 찌르고 새콤하고 달짝지근한 맛이 기가 막혔다. 게다가 정신이 맑아지면서 피로감마저 사라졌다. 흑탑은 술에서 발효가 더 진행되면 식초가 된다는 것을 알게 되었다. 재밌게도 중국에서 식초를 가리키는 글자 '醋추'는 유酉 자와 두 개의 십十, 한 개의 일一 그리고 날 일日

자로 구성된 석昔 자의 조합으로 이루어져 있다. 21일 만에 발견된 식초의 이야기가 '초醋'라는 글자 안에 고스란히 형상화되어 있는 것이다.

다른 장류와 구분하기 위해
식초 항아리에 초醋 자를 붙여
보관하는 모습 ⓒ 이현서

식초는 술을 빚는 과정에서 우연히 만들어졌지만 고대부터 주목받는 식품이었다. 주나라 때 관직 제도를 기록한 『주례』를 보면, 궁중에서 식초를 담당하는 '혜인醯人'이란 직제를 따로 두었는데, 이는 당시 식초가 나라에서 직접 관리할 만큼 중요한 품목이었음을 말해준다. 또한 주나라 사람들은 이미 식초가 고기의 기름기와 잡내를 잡아준다는 사실을 알고 있었고, 춘추시대 오나라 왕은 식초를 보관하기 위해 성까지 축조했다는 기록도 전한다. 사람들은 그 성을 고주성苦酒城이라 불렀는데, 고주苦酒는 식초의 또다른 이름이다. 명나라 이시진이 지은 약학서『본초강목』에서 "식초는 쓴맛이 있어 민간에서는 고주라고 한다"고 설명하기도 했다. 식초의 기원과 제조법이 술의 발달과 함께했다는 것을 이 별칭으로도 알 수 있다.

　궁중에서 제작되어 귀족층의 향유물로 여겨졌던 식초가 민간에 빠르게 보급되기 시작한 것은 진한秦漢 시기 이후로 추정된다. 동한東漢 시대의 농학자 최식이 쓴『사민월령四民月令』에 이미 쌀, 보리, 밀, 수수, 옥수수, 대두, 팥, 기장 등을 사용한 23종의 식초 제조법이 소개되어 있고, 남송시대 농업 전문서적인『제민요술齊民要術』에는 중국 상고시대부터 북위시대까지 20여 종의 양조 방법이 체계적으로 기록되어 있다. 식초를 만드는 양조 기술의 발전과 더불어 당송시대에는 식초를 전문적으로 생산하는 초방醋坊이 여기저기 생겨났다. 남송시대 오자목이 편찬한『몽양록夢梁錄』에 의하면, 식초는 땔감, 쌀, 기름, 소금, 간장, 차와 더불어 아침에 일어나 대문을 열면서 반드시 챙겨야 하는 생활필수품 중 하나라고 했다. 식초가 대중화 과정을 거쳐 서민들의 생

중국 요녕성 조양시朝陽市 몽고족 자치현에 위치한 탑성진초양조유한공사塔城陳醋釀造有限公司의 식초 항아리. 발효를 마친 식초는 바깥으로 옮겨 햇볕에 쬐는 공정을 거친다.
ⓒ 이현서

활 속에 얼마나 중요하게 자리잡았는지 알 수 있다. 이후 명청 시기에 이르면 식초 산업은 그야말로 전성기를 맞는다.

질투하는 여인, 주눅든 서생

당나라 유속이 지은 『수당가화隋唐嘉話』에는 식초와 관련된 재미난 이야기가 전한다. 당나라 태종 이세민에게는 방현령이라는 신하가 있었다. 평소 방현령의 간언과 보좌가 고마웠던 당 태종은 그의 노고를 치하해 첩으로 삼으라고 미인 몇 명을 보냈다. 그러자 평소 질투가 매우 심했던 방현령의 부인이 죽어도 안 된다며 반대했다. 태종이 방현령의 부인을 불러 크게 호통쳤으나 부인은 황제의 명령을 끝까지 거부했다. 태종은 그녀에게 질투심을 버리면 살 것이고 그러지 않으면 사약을 내리겠노라고 엄포를 놓았으나 그녀는 꿈쩍하지 않았다. 체면이 상한 태종은 식초를 사약이라고 속여 그녀에게 마시라고 했다. 방현령의 부인은 한 치의 망설임도 없이 단숨에 들이켜버렸다. 목숨도 버릴 수 있는 그녀의 지독한 질투심을 눈앞에서 목격한 태종은 자신의 명령을 곧바로 거두었다. 그후로 '식초를 먹는다'는 뜻의 '흘초吃醋'는 '질투하다'라는 뜻으로 쓰이게 되었다.

그것뿐만이 아니다. 질투한다는 뜻의 '초투醋妒', 남녀 간의 질투심을 가리키는 '초성醋性', 질투심이 매우 심함을 나타내는 '초해醋海', 질투하는 사람을 이르는 '초호로醋葫蘆'와 '초병자醋瓶子', 질투가 심한 여자를 가리키는 '초낭자醋娘子', 이유 없는 질투를 의미하는 '흘과초吃寡醋', 질투하는 마음을 가리키는 '초의醋意'와 '초경醋勁' 등에 모두 초醋자가 쓰였다. 이처럼 식초는 이미 질투의 대명사가 되어버렸다.

그런데 남성의 경우는 다르다. 역대로 글 읽는 선비가 관직에 나아가지 못해 실의에 빠지지 않았던 시대는 없고, 청빈한 선비의 이미지는 언제나 가난을 연상시킨다. 『유설類說』 권40에서 인용한 『조야첨재朝野僉載』에서는 가난한 문인이 강 속 붕어보다 많다고 비유했을 정도다. 벼슬자리가 한정되어 있으니 선비들이 차지할 수 있는 기회가 얼마나 적었을지 실감하게 하는 표현이다. 주변의 시선 때문에 남의 집

품팔이조차 할 수 없었으니 가난은 더욱 심해졌을 터. 특히 문보다 무를 숭상하던 시대에는 더더욱 벼슬자리를 구하기 어려웠다. 거지가 10등급인데 글 읽는 선비가 9등급이었던 원나라 때나, "서생 중 열에 아홉은 업신여김을 당하고, 이 세상에 유일하게 쓸모없는 것이 서생"(황경인, 『잡감雜感』)이라며 서생 무용론을 대놓고 말하던 시대에는 그들의 삶이 더없이 궁색했다.

　깨끗하지만 가난한 선비를 가리키는 독특한 중국식 칭호에 초醋 자가 들어간다. 바로 '초대醋大'라는 단어다. 초醋 자 대신 학식은 있으나 벼슬하지 않는 선비를 이르는 '조措'를 사용하기도 했다. 글자 앞에 곤궁하다는 뜻의 '궁窮' 자를 붙여 '궁초대窮醋大', '궁조대窮措大'라고 쓰면 그 뜻이 더욱 명확해진다. 이 칭호는 글 읽는 선비를 조롱하는 어투도 담고 있다. 당나라 소악은 『소씨연의蘇氏演義』에 초대라는 칭호에 대한 몇 가지 설을 기록하면서 자신의 해석을 덧붙였는데, 그 내용은 이러하다.

　초대는 어깨를 움츠리며 눈살을 찌푸리는 모습이다. 사람들이 맛이
　신 식초를 먹는 모양과 같다. 그래서 초대라고 한다. 대大는 넓고 긴
　것을 가리킨다. 대전大篆이란 서체를 보면 사람의 형상과 꼭 닮았다.

　명나라 사조제도 『오잡조五雜俎』에서 "지금 사람들은 수재를 가리켜

조대라고 부르는데, 조는 식초를 말한다. 가난하고 힘들다는 뜻이다"라고 했다.

성인의 가르침을 배워 나라의 중심이 되고 백성의 안위에 힘써야 할 선비가 그 뜻을 펼칠 기회를 얻지 못하고 가난에 찌들어 주눅든 모습이, 시큼한 식초를 먹고 몸을 움츠리며 오만상을 찡그리는 사람의 형상을 떠올리게 한 것이다. 선비의 당당함과 고고함이란 전혀 찾아볼 수 없는 모습이다. 식초는 이렇게 고대 중국인들의 문화적 심리를 반영하면서 일상생활 언어로까지 스며든 유일한 조미료가 되었다.

식초에 동한 마음

위징은 당나라 초기 공신으로, 좌상을 지냈다. 그는 당 태종에게 직언을 서슴지 않았는데, 어떤 때는 그 태도가 너무 거침없고 꿋꿋해서 태종을 당황하게 만들기도 했다. 태종은 여러 차례 난감한 상황을 겪고서 어느 날 조회를 마친 후 시종에게 웃으며 말했다. "위징은 무엇에 마음이 동하는지 모르겠구나." 시종은 위징이 식초에 무친 미나리를 좋아해 매일 식사 때마다 즐겨 먹는다고 대답했다. 다음날 태종은 위징과 함께 식사하는 자리를 마련했다. 미나리 초무침을 본 위징은 기뻐하며 밥을 다 비우기도 전에 미나리 초무침을 세 그릇이나 먹었다. 태종이 위징에게 말했다. "경은 좋아하는 것이 없다고 하더니 내 오늘

그대가 좋아하는 것이 있음을 보았구려." 위징은 이 말을 듣고 공손하
게 대답했다. "황제께서 사치하지 않으시고 근검절약을 좋아하시니,
신도 특별히 욕심부리는 것이 없습니다. 그저 이 정도에 그칠 뿐입니
다." 태종은 위징의 대답에 감탄해 마지않았다. 태종과 위징은 식초에
무친 미나리 음식 하나로 서로의 마음을 이해하게 되었다.

　식초 한 방울에 마음을 드러낸 이야기가 또 있다. 하루는 금산사金
山寺 지주 불인佛印이 소동파와 황정견을 초청했다. 도화초桃花醋, 복숭아꽃
으로 만든 식초가 가득 담긴 항아리 앞에 둘러앉은 세 사람은 귀한 도화초
를 손가락으로 찍어 맛을 보았다. 한 사람은 출가한 스님이고 두 사람
은 당대 최고의 문인이었다. 세 사람이 식초 항아리 앞에 모여 있는 모
습을 그린 그림이 바로 〈삼산도三酸圖〉다. 산酸은 식초를 가리킨다.

　그런데 도화초를 맛보는 세 사람의 표정이 각기 다르게 묘사되어
있다. 불인은 괴로워서 찡그리고 소동파는 뭔가 떨떠름한 표정인데
황정견은 즐거운 듯 웃고 있다. 왜일까? 〈삼산도〉의 세 주인공은 유불
도의 대표 주자이고, 그들의 표정은 곧 불가와 유가와 도가의 각기 다
른 인생관을 우회적으로 표현하고 있다는 것이 대표적인 해석이다.
그럴듯하게 들린다. 스님인 불인에게 인생은 고난의 연속이요, 현세를
살아가는 중생들은 끊임없는 깨달음을 통해 고통에서 벗어나 해탈에
이르러야 하기에 식초 맛이 씁쓸했을 것이다. 유가에서 인생이란 자
신의 몸과 마음을 닦아 올바른 인성과 덕을 쌓으며 교화에 힘써야 하

이가염李可染, 〈삼산도〉, 1943. 여러 화가의 손에서 다양한 버전의 〈삼산도〉가 탄생했지만 이가염의 작품은 그중 대표적인 작품으로 손꼽힌다. 일찍이 제백석齊白石, 황빈홍黃賓虹, 서비홍徐悲鴻 등 중국 미술 대가들이 이가염의 〈삼산도〉를 높이 평가했다. ⓒ이가염화원

는 기나긴 여정이므로, 유학자인 소동파에겐 식초가 신맛이었을 것이다. 도가는 인위人爲에 구속받지 않고 자연과의 조화를 이루는 초월적 인생관을 취하니, 황정견은 식초의 맛도 달게 느꼈을 것이다.

　해학미 넘치는 이 〈삼산도〉는 식초를 맛보는 노인을 그렸다고 해서 '상초옹嘗醋翁'이라고도 한다. 비슷한 제목의 그림이 여러 나라에서 발견되는데, 그림마다 그 나라의 정서와 색깔을 담아 비슷한 듯 비슷하지 않게 묘사했다. 그러나 언제 그린 어느 나라 작품이든 주인공을 한자리에 불러모은 것은 다름 아닌 식초였다. 그림 속에서 유불도의 대가들은 한자리에 모여 날선 논쟁으로 서로를 공격하는 대신 식초를 함께 맛보며 표정으로 마음을 나누고 있다.

이현서 ◆ 경인여자대학교 글로벌비즈니스과 조교수
중국 베이징대학에서 중국 고대문학 전공으로 석사와 박사과정을 마쳤다. 현재는 경인여자대학교 글로벌비즈니스과 교수로 재직하고 있다. 춘추전국시대를 배경으로 한 열국지 계열의 문학작품을 연구하고 있으며, 고대 병법서와 중국문화사에도 깊은 관심을 가지고 있다. 저서로는 『도설천하 손자병법』 『손자병법』 등이 있으며, 『삼국지사전』과 『송원화본』을 공동 번역했다.

주
요
리

主
菜

북경오리구이

위풍당당한 멋과 맛

북경오리구이는 위풍당당하다. 어느 요리가 감히 제 이름 앞에 나라의 으뜸 도시, 수도명을 떡하니 붙일 수 있겠는가. 요리 앞에 땅 이름이 붙는 건 자연스러운 일이다. 그 땅에서 나는 먹거리와 그걸 길러낸 기후와 풍토를 아우르면서 요리의 정체를 보여줄 수 있기 때문이다. 그렇다 해도 수도 이름을 붙인 요리에선 보통 요리가 넘볼 수 없는 아우라가 뿜어져나온다. 북경오리구이는 이름부터 위풍당당하다.

　그러나 반전이 있다. 북경오리구이는 정작 북경이 아닌 남경南京에서 시작됐다. 650년 전, 명 왕조를 세운 주원장은 오리를 사랑했다. 매일 한 마리씩 먹어치울 정도였다. 황궁에서 일하는 요리사들은 황제의 입맛을 돋우기 위해 더 맛있는 오리구이를 연구했다. 당시 서민들

도 오리를 먹지 않은 건 아니지만 위풍당당한 황제의 요리는 품격을
갖추었다.

　주원장은 몽골이 통치하던 원 왕조 말기, 홍건적에 가담했다가 남
경을 중심으로 세력을 규합해 새로운 왕조를 세웠다. 남경은 당연히
명 왕조의 수도가 됐다. 오리 때문인지 몰라도 황제는 장수했다. 황위
에 오른 지 꼭 30년, 일흔 살까지 나라를 다스렸다. 그가 죽자 후계를
둘러싸고 싸움이 벌어졌으나 주원장의 손자에게 황제 자리가 돌아갔
다. 북경에서 북쪽 국경 방어를 맡고 있던 주원장의 넷째 아들 주체는
두고 볼 수 없다며 군사를 이끌고 조카에게 쳐들어가 스스로 황제가
됐다. 그리고 자신의 근거지였던 북경으로 수도를 옮겨버렸다. 오리구
이도 남경에서 북경으로 옮겨갔다. 명 왕조 세번째 황제였던 성조成祖,
1403~1424 시절, 영락 연간의 일이다.

　황궁의 오리구이는 서민에게 전해졌다. 남경에서 옮겨온 오리구이
는 '후퉁胡同'이라 불리는 북경의 작은 골목에 등장했다. 최초의 북경
오리구이 전문점은 미스후퉁米市胡同, 쌀시장 골목에 자리잡은 '편의방便宜
坊'인데, 그 가게 간판에 남경의 옛 이름 '금릉金陵'이 새겨져 있었다. 남
경의 오리구이는 새로운 주인을 만난 땅, 북경에서 힘을 얻었다. 황제
가 있는 땅의 이름을 마다하고 굳이 옛 이름에 집착할 필요는 없었다.
그리고 수백 년 동안 이어온 으뜸 도시, 북경을 제 이름 앞에 자연스럽
게 붙였다.

북경오리구이

"북경에 가면 네 가지를 꼭 해봐야 한다"는 말이 있다. 만리장성을 오르고, 고궁을 둘러보고, 후통에서 놀아야 한다. 그리고 빼놓을 수 없는 한 가지가 바로 북경오리구이 맛보기다. 나머지 세 가지는 모두 '놀기'에 속하지만, 북경오리구이만 '먹기'에 속한다. 그러니 북경오리구이는 말 그대로 북경, 아니 중국에서 으뜸가는 요리라 아니할 수 없다.

저우언라이의 사랑, 채플린의 거절

북경오리구이 사랑은 현대 정치 지도자들에게까지 이어졌다. 마오쩌둥은 1949년 10월 1일 북경 고궁 망루에 올라 중화인민공화국을 선포했다. 꼭 보름이 지난 그달 16일, 자신의 나라를 처음으로 인정한 소련 대사 니콜라이 로슈친에게 신임장을 주면서 북경오리구이를 대접했다. 북경오리구이를 대표하는 브랜드 취안쥐더全聚德에서였다. 북경오리구이는 국빈을 위한 외교 요리가 됐다.

사회주의 중국의 영원한 이인자 저우언라이 총리의 북경오리구이 사랑은 남달랐다. '북경오리구이 외교'라고 해도 과언이 아닐 정도였다. 총리로 지내면서 모두 스물일곱 번이나 북경오리구이 외교를 실천했다는 조사도 있다. 1960년에는 미얀마 총리, 네팔 총리 일행을 잇달아 접견하며 북경오리구이를 대접하고 두 나라와 다툼이 있던 국경 문제를 매듭지었다.

1960년대 호치민 베트남 공산당 주석의 병이 위중해지자 중국 공산당은 의료진을 보내 그의 치료를 도왔다. 1969년 병세가 회복된 호치민이 북경오리구이를 먹고 싶다는 뜻을 전해왔다. 저우언라이는 즉시 두 마리를 만들어 보내라고 지시했다. 한 마리는 왠지 부족한 듯했기 때문이다. 만드는 일이야 그렇다 해도 베트남까지 보내는 일이 문제였다. 고위 관료들이 동원됐고, 결국 북경오리구이를 냉동해서 운반하는 방법을 찾아냈다.

찰리 채플린이 감독과 주연을 맡은 영화 〈모던 타임스〉(1936)는 노동자 찰리의 고된 일상을 코믹하게 그린다. 공장에서 나사 조이는 일만 하던 찰리는 무엇이든 조여야 한다는 강박에 시달리다 뜻하지 않게 시위대에 휩쓸려 감옥에 가게 된다. 찰리는 출소한 뒤 한 소녀를 도와준 덕분에 식당 종업원으로 취직하는데, 그가 손님에게 접대하는 요리가 바로 북경오리구이다.

그 때문인지 저우언라이는 1954년에 채플린을 초청했다. 당시 미국 정부에 의해 공산주의자라고 낙인찍힌 채플린은 스위스에서 지내고 있었다. 채플린은 기꺼이 응했고 저우언라이는 역시 북경오리구이를 대접했다. 그러나 채플린은 고개를 가로저었다.

"저는 오리를 먹지 않습니다."

저우언라이가 의아해하며 까닭을 묻자 채플린이 이렇게 답했다.

"제가 연기한 우스꽝스럽게 걷는 캐릭터는 바로 오리의 걸음걸이에서 영감을 얻은 겁니다. 오리에 감사하는 마음 때문에 오리고기를 먹지 않습니다."

저우언라이는 겸연쩍었다. 그때 채플린이 다시 입을 열었다.

"하지만 이번은 예외입니다. 이건 미국 오리가 아니니까요!"

채플린의 입담으로 분위기는 달아올랐고 연회는 흥겨웠다. 저우언라이가 음식이 입에 맞는지 묻자 채플린이 말했다.

"중국 오리구이는 과연 명불허전입니다. 세상 최고의 맛입니다."

북경오리구이는 찰리 채플린 덕분에 더 유명세를 타게 됐고, 중국을 찾는 외국인이라면 누구나 먹어야만 하는 요리가 됐다.

1971년에는 핑퐁 외교 뒤 미국 닉슨 대통령이 파견한 특사 헨리 키신저가 북경에 왔다. 저우언라이는 그와 비밀 회담을 열었다. 키신저는 협상이라면 누구에게도 지지 않을 사람이었다. 저우언라이는 그가 미식가라는 정보를 입수하고 치밀한 준비를 지시했다. 그리고 테이블 위에 북경오리구이가 올라왔다. 취안쥐더는 바빠졌다. 요리사는 혹시라도 문제를 일으키지 않을 사람이어야 했다. 사상 검증을 통과해야 함은 물론 요리 실력도 뛰어나야 했다. 거듭되는 보안 조치를 통과한 요리사들의 오리구이였다. 북경 고궁을 둘러본 키신저는 인민대회당에서 담판을 벌였다. 그러나 성과가 신통치 않았다. 그때 저우언라이가 오찬을 권하면서 북경오리구이 이야기를 꺼냈다. 키신저는 북경오리구이에 강렬한 인상을 갖게 됐다. 그리고 자국에 보내는 보고서에

"전통문화에서 유래한 중국요리는 정성을 다한 요리법, 화려한 상차림, 맛의 조화가 뛰어나다"고 썼다. 그날 오후 회담은 결국 성공했고, 중국과 미국은 수교를 위한 중요한 한 걸음을 내딛게 됐다.

흔치 않은 요리법, 카오

중국요리는 주로 기름에 볶거나 튀기는 경우가 많다. 요리 이름에서 '차오炒, 볶다', '자炸, 튀기다' 등의 글자를 자주 볼 수 있는 것도 이 때문이다. 심지어 끓일 때도 먼저 튀기는 경우가 있다. '펑烹'이라는 요리법이 그렇다. 물론 기름과 상관없이 그냥 끓이거나 졸이는 방법도 없는 건 아니다. 그러나 북경오리구이처럼 '카오烤'하는 경우는 흔치 않다.

카오는 불을 쬐어 그을리거나 구워서 익히는 방식이다. 중국인이 오리를 처음부터 카오 방식으로 요리한 것은 아닌 듯하다. 처음엔 '사오야燒鴨'라는 이름이 더 자주 쓰였다. '사오燒'라는 글자는 '불사르다' 는 뜻이지만 사실 꽤 복잡한 요리법이다. 재료를 볶거나 튀기다가 국물이나 장즙을 넣어 볶거나 졸인다. 또는 재료를 끓이다가 기름에 볶거나 튀긴다. 그런데 이런 방법은 모두 북경오리구이와 어울리지 않는다. 북경오리구이는 볶거나 튀기거나 끓이는 요리법과는 상관없으니 말이다.

'사오야'라는 말은 당 왕조 때 『조야취사朝野炊事』라는 책에 등장한다. '룽사오야籠燒鴨'라는 말이다. '룽'은 바구니, '사오'는 불사른다는 말이다. 도대체 어떤 방법이었을까? 살아 있는 오리를 큰 바구니에 넣고 화덕 안에 숯불을 쌓아 불사르면 오리가 이리저리 뛰어다닌다. 그때 오리에게 장즙을 먹이면 산 채로 구워져 뻗어버린다. '사오야'는 시간이 흐르면서 더 세련된 방식으로 바뀌었다.

원 왕조 때 황제를 돌보던 의사 태의太醫는 『음선정요飮膳正要』라는 책에서 사오야의 방법을 일러준다. "털을 뽑고, 내장을 제거한 뒤 깨끗이 씻어 파와 고수 가루를 넣어" 요리한다는 것이다. 오늘날 카오야 방식과는 아무래도 좀 차이가 있다. 그러나 '사오야'라고 할 때, '사오'는 끓이다가 볶거나 튀기는 방법이라는 설명과 달리, 그것 그대로 '불사르다'는 뜻에서 연유하여 '카오', 즉 '굽다'는 말과 같은 뜻으로 전해졌다고 해도 별다른 문제가 없어 보인다.

오늘날 북경오리구이는 꽤 복잡한 조리 과정을 거친다. 우선 포동포동 살이 오른 오리를 잘 골라야 한다. 뒤뚱거리며 여기저기 쏘다니는 오리는 살이 찌기 쉽지 않다. 사람들은 일부러 요리를 위한 오리를 기르기 시작했다. 사료를 많이 주어 억지로 먹게 하고는 운동을 못하게 했다. 그러면 질긴 근육은 줄고 기름진 살이 오른다. 이를 두고 '톈야塡鴨'라 부른다. 이 말은 나중에 주입식교육을 뜻하는 말로 오명을 뒤집어쓰기도 했지만, 맛있는 오리구이를 만드는 둘도 없는 방법이라고 생각했다. 물론 동물을 사랑하는 사람에게는 매우 비정한 방법이라는 점도 유념하지 않을 수 없다.

　오리를 잡아 내장을 제거한 뒤 엉덩이에 수숫대를 꽂아 바람을 불어넣으면 배가 빵빵하게 부풀어오른다. 이처럼 껍질과 고기 사이에 공기층이 만들어지면 껍질은 바삭해지고 고기는 부드러워진다. 껍질 위에 엿물을 발라 걸어두고 며칠 간 말리는데, 껍질이 잘 마르면 배 속에 맑은 물을 넣고 위아래 구멍을 실로 묶어 막은 뒤 불로 굽는다.

　굽는 방법은 크게 세 가지다. 하나는 오리에 쇠꼬챙이를 꽂아 숯불 위에서 구워내는 방법이다. '차사오叉燒'라 부르며, 화로 설비가 없던 시절에 주로 쓰던 방법이다. 다른 하나는 화로 위에 오리를 거꾸로 걸어두고 굽는 방법이다. '과루掛爐'라 부르며, 뜨거운 불길이 화로벽을 타고 천장까지 올라갔다가 다시 내리쬐면서 오리를 굽는다. 땔감으로는 주로 배나무나 대추나무를 쓴다. 연기가 나지 않게 은은한 불로 굽기 때문에 시간이 오래 걸린다. 화로에 오리를 집어넣은 후 일정하게 그 위치를 바꾸어줘야 골고루 익는다. 북경을 대표하는 오리구이 전문점 취안쥐더는 차사오법을 쓰다가 이제 과루법으로 바뀌었다. 화로 안에 걸려 있는 빵빵한 오리는 위풍당당하게 한껏 그 자태를 자랑한다.

　또다른 하나는 화로 안에서 뜸들이듯 굽는 방법이다. '먼루燜爐'라 부른다. 화로 안에 먼저 연료를 넣고 불을 붙인 뒤 온도가 올라가면 불을 끈다. 그러고는 오리를 화로 안 철판 위에 올려두고 숯과 열기로 구워낸다. 오리가 직접 불에 닿을 일이 없는데다 화로 안 온도가 서서히 낮아지기 때문에 화력이 세지 않다. 이런 방법으로 구우면 지방과 수분이 많이 빠져나가지 않고 골고루 익는다. 외국인에게는 잘 알려져 있지 않지만 북경의 대표 브랜드 볜이팡便宜坊의 조리법이다. 볜이팡은 명 왕조 시절 남경에서 북경으로 건너와 처음 문을 연 뒤, 600년 전통을 이어온 편의방, 바로 그 브랜드다. 과루와 먼루는 북경의 무형문화유산으로 등재될 날을 기다리고 있다.

．

카오야 싼츠의 실용주의

식탁 위에 오른 북경오리구이는 세 가지 방법으로 먹는다 하여 '카오야 싼츠烤鴨三吃'라는 말이 전해온다. 첫째는 전통적인 방법이다. 주로 요리사가 잘 구운 오리 한 마리를 가져와 직접 썰어준다. 껍질과 고기를 함께 썰어내면 이를 밀전병에 싸서 먹는다. 이때 첨면장甜麵醬과 파 등을 곁들이면 풍미가 더 살아난다. 구워낸烤 요리를 싸卷 먹는 셈이다. 예전엔 젓가락을 쓰지 않고 그냥 손으로 싸 먹었으나 오늘날에는 젓가락을 쓰는 경우가 많아졌다. 먹고 난 뒤 다시 요리사가 오리를 가져와 묻곤 한다.

"오리가 마음에 드시나요烤好?"

이때 '마음에 들다'라는 말은 '오리가 잘 구워졌느냐'는 뜻이다. 그런데 이 말은 중국어로 '시험을 잘 치르다考好'와 발음이 같다. 요리사로서는 내가 구운 오리가 잘 구워졌는지, 손님의 까다로운 입맛을 만족시켰는지 한꺼번에 묻는 셈이다.

두번째는 볶아 먹는 방법이다. 오리고기, 양파, 중국식 꽈배기인 유탸오油條를 송송 썰어 센 불에 볶은 뒤 잘 손질한 양배추에 싸서 먹는다. 잘게 다진 오리와 채소, 기름 맛이 어우러져 입안을 상큼하게 바꿔준다.

세번째는 탕으로 먹는 방법이다. 껍질과 고기를 다 발라 먹고 남은 뼈에다 파, 생강, 마늘 등을 넣고 물을 부어 은근히 끓인다. 마지막에 두부를 넣으면 시원한 오리구이탕이 만들어진다.

한 가지 요리를 세 가지로 응용해서 먹는 셈이다. 그래서 북경오리구이는 음식에 한껏 공을 들이는 중국문화가 잘 드러난다. 카오야 싼츠는 종종 한 가지 대상을 세 가지 방식으로 응용하는 일을 비유하는 데도 쓰인다. 중국인의 실용주의를 엿볼 수 있는 대목이다.

미운 오리 새끼는 없다

중국에서 오리를 기르기 시작한 건 5000년도 넘었다고 전해온다. 강소성 무석無錫에서 출토된 오리 모양 주전자를 근거로 삼는다. 5000년은 좀 과장된 것 같지만, 2000년이 넘은 건 확실하다. 전국시대쯤 만들어진 옛 중국어 사전, 『이아爾雅』에는 집오리를 '무鶩'라 하고 들오리를 '부鳧'라 한다고 했다. 당시 다른 책에도 오리를 요리해 먹었다는 기록이 적지 않다.

수·당 왕조 이래 과거를 통해 벼슬에 나갈 길이 생긴 뒤, 오리는 더욱 사랑받았다. 오리를 뜻하는 한자 '압鴨'이 장원급제를 뜻하는 글자 '갑甲'과 발음이 비슷한 해음諧音, 같거나 비슷한 발음 글자이기 때문이었다. 그래서 과거를 앞둔 사람에게 오리를 선물하는 풍습이 생겨났다. 오리 먹고 장원급제하기를 바랐던 것이다.

부부의 금실을 상징하는 원앙도 오리과에 속한다. 사람들은 혼례를 치르며 부부가 오래도록 해로하기를 바라는 마음을 원앙에 담았다. 송 왕조 이후에는 오리를 소재로 한 그림, 옥공예, 민속예술이 성행했다. 송 왕조 시절 그림 〈유압도乳鴨圖〉는 볕 좋은 날 들판을 한가롭게 거니는 새끼오리를 그렸다. 이 그림은 당당하면서도 사랑스러운 오리의 맵시와 눈길을 잘 표현했다는 평가를 받는다.

북경오리구이는 영화 속 메뉴로도 등장했다. 대만 출신 영화감독 리안은 1994년에 퇴직한 호텔 요리사 아버지가 딸들을 위해 정성을 다해 음식을 차려내는 영화 〈음식남녀〉를 선보였다. 가족 문제를 다룬 초기 3부작이라고 일컬어진 영화 중 하나다. 음식은 영화를 이끌어가는 중요한 매개가 된다. 아버지가 온갖 화려한 솜씨를 선보이는 가운데 스크린은 중국요리의 향연으로 물든다. 북경오리구이도 그중 하나다. 바로 그해, 영화는 칸 영화제에 개막작으로 초청됐다. 리안은 북경오리구이를 들고 칸에 가기로 했다. 세관 심사에서 제지당하자 칸 영화제 파티를 위해 가져온 선물이라며 관리를 설득했다. 마침내 칸에 도착한 북경오리구이는 영화 못지않은 인기를 누렸다.

수천 년을 이어온 중국문화에서는 오리를 친근하고 상서롭게 여겨왔다. 안데르센의 동화에서 오리는 집단 따돌림의 상징처럼 그려졌다. 결말에서도 오리는 끝까지 백조보다 훨씬 못한 존재처럼 서술된다. 서양에서 오리는 이래저래 궁상맞은 캐릭터가 되고 말았다. 도널드 덕이 만회하려고 했지만, 그 또한 수다쟁이 이미지를 벗어나지 못했다. 그러나 중국엔 수다쟁이 오리도, 미운 오리 새끼도 없다. 상서로움을 상징하는 오리는 오늘날까지 북경오리구이로 남아 그 위풍당당한 멋과 맛으로 세계인의 눈과 입을 즐겁게 해주고 있다.

임대근 ◆ 한국외국어대학교 중국어통번역학과 교수
문화콘텐츠비평가. 사단법인 아시아문화콘텐츠연구소 대표이자 한국문화콘텐츠비평협회 부회장을 맡고 있다. 한국외국어대학교 대학원에서 중국영화 전공으로 박사학위를 받았다. 중국영화를 비롯해 아시아 대중문화의 초국적 상호작용을 연구하고 있다. 저서로 『세계의 영화, 영화의 세계』(공저) 『한국 영화의 역사와 미래』(공저) 등이 있고, 역서로 『수신기: 신화란 무엇인가』(공역) 등이 있다. 최근 개발에 참여한 콘텐츠로 〈차이나는 무비〉(팟캐스트) 〈쾌인쾌사: 중국인물열전〉(네이버 오디오클립) 〈3분 차이나〉(YTN 라디오) 등이 있다.

동파육

천재가 만든 돼지고기 요리

솥을 깨끗이 씻고 물은 조금만, 장작을 쌓되 연기와 불꽃이 일지 않게 한다. 저절로 익기를 기다릴 뿐 재촉하지 말지니 불에 맡기고 때가 되면 자연스레 맛이 난다네. 황주의 질 좋은 돼지고기, 가격은 진흙처럼 싸건만 부귀한 자 먹으려 들지 않고 가난한 자 요리법을 모른다네. 아침에 일어나 두 그릇 뚝딱, 배부르면 그만이니 그대는 신경쓰지 마시게.

　　　　　　　　　　　　　　　　　－소동파, 「저육송猪肉頌」

　낯선 곳으로의 여행이 만족스럽기 위한 조건으로 누구도 부인할 수 없는 진리가 있다. 그것은 바로 눈과 입이 즐거워야 한다는 사실이다.

중국에서 이 두 가지를 충족시켜주는 대표적인 명소가 있으니, 그곳은 바로 물 좋고 미인 많기로 유명한 항주다. 항주에 가면 예외 없이 서호西湖와 동파육東坡肉이라는 두 가지 명물이 여행객을 맞이한다.

그런데 서호와 동파육은 약 1000년 전 그곳에 살았던 소식이라는 천재 시인과 깊은 관련이 있다. 오늘날 서호의 빼어난 경치와 명성은 소식의 글에서 완성되었으며, 이곳을 대표하는 요리인 동파육 또한 바로 그의 호에서 유래했기 때문이다. 미식가였던 소동파는 동파육 외에도 동파구육東坡扣肉, 동파두부東坡豆腐, 동파갱東坡羹, 동파어東坡魚 등 다양한 요리와 관련이 있다. 이들 요리는 지금도 중국 어디서든 맛볼 수 있다. 다리 달린 것은 탁자 외에 다 먹고, 날개 달린 것은 비행기 빼고 다 먹는다는 중국인! 그런데 그들이 개발한 수많은 요리 가운데 특정 인물의 이름이나 호에서 유래한 것이 과연 얼마나 될까? 단언컨대 공자나 당 태종도 일찍이 이런 영예를 누리지 못했다.

애민의 맛

동파육의 기원은 '애민愛民'이라는 두 글자와 깊은 관련이 있다. 이 요리는 원래 백성들이 소식의 공로에 감사하기 위해 돼지고기를 바쳤는데 소식이 다시 백성들을 위로하기 위해 솔푸드soul food 동파육을 만들었다는 것이 정설이다. 동파육의 조리법은 앞에서 본 것처럼 소식

동파육

자신이 황주에 유배된 시절에 쓴 「저육송」에 간략하게 묘사되어 있다. 여기에 좀더 부연해 동파육 만드는 방법을 소개하자면 다음과 같다. 돼지고기를 먹기 좋도록 네모나게 썰어 냄비에 담은 뒤 물을 조금만 붓고 불에 올린 다음 간장, 설탕, 생강 등을 넣고 몇 시간 동안 뭉근하게 조린다. 마침내 윤기 흐르는 초콜릿 빛깔의 요리가 완성되어 네모반듯한 모양으로 접시에 담겨 나오면 일단 그 정갈한 자태가 식객의 눈을 사로잡는다. 천천히 젓가락을 들고 이 아름다운 고기를 한입 먹으면 기름기는 온데간데없고 오직 달콤하고 담백하며 부드러운 삼

박자의 조화를 이룬 맛이 또 한번 당신을 미소 짓게 만들 것이다. 혹시 당신이 애주가여서 황주黃酒를 한잔 곁들인다면 그 순간만큼은 아마 신선도 부럽지 않을 것이다. 동파육을 먹으며 눈과 입이 호강하노라 면 이 요리를 개발한 소식의 생애가 궁금해지게 마련이다. 그는 과연 어떤 인물이었을까?

소식은 북송 시기에 살았던 사람으로, 항주에서는 두 차례 관직을 지냈다. 동파육은 그가 항주에 두번째 부임했을 때 시행한 다양한 애 민정책의 결과다. 당시 소식은 항주에서 가장 시급하게 해결해야 할 과제로 식수 문제를 꼽았다. 소식이 서호를 개축하기 전, 그곳에는 갈 대가 급속하게 늘어나 이미 호수의 절반 이상을 뒤덮고 있었다. 그는 즉시 중앙 정부에 공문을 띄워 공사에 착수했고 4개월 만에 준설공사 를 일단락 지었다. 그런데 막상 준설공사가 끝나자 그곳에서 나온 갈 대와 진흙 더미를 처리하는 것이 문제였다. 소식은 기지를 발휘해 이 쓰레기 더미로 호수 남쪽에서 북쪽으로 가는 직선 코스의 제방을 쌓 아 보행 거리를 단축시켰는데, 결과적으로 경치 좋은 산책길을 덤으 로 얻게 되었다. 이것이 바로 항주의 서호십경西湖十景 가운데 가장 아 름다운 곳으로 손꼽히는 소제춘효蘇堤春曉다. 소제는 소공제蘇公堤의 줄 임말로 소식이 쌓은 제방이라는 의미다. 그는 예전에 서호를 처음 접 하고 남긴 시에서 서호를 중국 역사상 4대 미인 가운데 한 명인 서시 의 얼굴에 비유했다. 그런데 막상 서호 정비 사업을 끝내고 보니 소제는 미인의 눈썹과 꼭 닮아 있었다. 과연 소식이 은밀하게 의도했던 것일까? 결과적으로 소제는 서시가 역사상 절세미인으로 남게 한 또하나의 선물이 되었다.

이 밖에 소식은 항주 중심부에 중국 최초의 공립병원이라 할 수 있는 안락방安樂坊을 세우게 하고, 지방 학교인 주학州學 학생들에게 경제적 지원을 아끼지 않았다. 또한 남아 있는 기록을 보면 그는 법률과 행정의 최고 집행자로서 항상 백성 편에서 민원을 처리하는 훌륭한 목민관의 면모를 맘껏 보여주었다. 그리하여 백성의 신뢰와 사랑을 듬뿍 받는 존재로 우뚝 섰다. 이쯤 되면 백성 입장에서도 그에게 무엇인가 답례하고자 하는 마음이 저절로 우러나왔을 것이다. 주민들은 너나 할 것 없이 자그마한 선물을 하나씩 준비해 가져갔는데, 그때 가난한 서민 대부분이 들고 온 것은 당시 비교적 값이 싼 돼지고기였다고 한다. 이에 소식은 그 많은 돼지고기를 혼자 먹지 않고 맛있게 요리해 다시 백성들에게 답례로 나누어주었다고 하니, 이것이 바로 동파육의 유래다.

만약 항주를 여행하게 된다면 서호가 내려다보이는 한적한 식당에 앉아 노을 지는 호수를 바라보며 동파육을 한 점 먹어보시라. 그러면 분명 소동파가 백성들에게 베풀었던 애민의 맛과 멋을 동시에 느낄 수 있을 것이다.

극한의 쓴맛을 극락의 단맛으로

소식은 이백, 두보와 더불어 중국을 대표하는 최고의 시인이다. 그는 22세 때 과거에 합격한 이래 중앙과 지방에서 여러 관직을 두루 거쳤다. 그러나 당시 재상 왕안석이 주도하는 신법에 대한 정치적 견해 차이와 반대파의 모함으로 여러 유배지를 떠돌았다. 그런데 그의 소탈하고 자연친화적인 삶이 빛을 발한 시기가 바로 유배 시절이다.

동파육이 탄생한 황주를 거쳐 소식이 차례로 유배 간 곳은 영남이라 불리는 혜주惠州와 바다 건너 담주儋州, 즉 해남도라는 섬이었다. 그의 정적들은 매번 그를 더욱 열악한 환경으로 내몰았지만 소식은 유배지를 마치 고향처럼 여기며 가뿐하게 살았다. 그는 친구에게 보낸 어느 글에서 "나는 본래 해남의 백성인데, 서촉 땅에 보내져 살았을 뿐이라네"라며 자신의 고향인 사천四川을 오히려 타지로 간주하기까지 했다. 어찌 보면 그를 단순한 정신승리법의 소유자로 볼 수도 있겠으나, 「4월 11일 처음 여지를 먹고四月十一日初食荔枝」라는 작품을 보면 그가 낯선 환경에서 어떤 방식으로 적응했는지 이해할 수 있다.

나 태어나 이 세상을 건너감은 본래 먹기 위해서였다네
관직 생활 오래되자 고향의 순채와 농어 맛도 가물가물
인간세상 어찌 꿈만 같지 않으리오?
남쪽 만리 온 것 진정 훌륭한 생각이었네.

나부산 아래 사계절은 항상 봄날씨 같아서
노란 감귤盧橘과 붉은 산딸기楊梅 차례차례 열리네.
날마다 여지 삼백 알을 먹을 수만 있다면
영원히 영남 사람 되는 것도 마다하지 않겠네.

소식의 전기를 보면, 그는 가족과 고향에 대한 사랑이 지극했음을 알 수 있다. 그러한 그가 머나먼 타향에서 관직 생활과 유배 생활을 거듭하며 느꼈을 심정은 충분히 짐작하고도 남음이 있다. 그러나 그는 인생을 살아가기 위해 먹는 것에서 삶의 의미를 찾고 힘겨운 날들을 극복해나갔다. 위 시구에서 순채와 농어는 원래 소식의 고향인 사천에서 즐겨 먹던 음식이다. 그러나 혜주로 유배 와서 여지라는 과일을 먹어보고는 그 맛에 반해 이곳에서의 삶에 적극적 의미를 부여하기 시작한 것이다. 소식 덕분에 혜주에서 생산된 여지는 지금까지도 유명세를 타고 있다.

소식은 유달리 술을 좋아했다. 그가 남긴 문학작품 가운데 술과 관련된 것이 무려 500편 이상이나 되며 그 속에 유난히 자주 등장하는 시어 또한 마실 음飮, 술 주酒, 취할 취醉 등이다. 술을 마시고 적당히 취하면 기쁠 때는 기쁨이 두 배가 되고 슬프고 고단한 때라도 잠시 현실에서 벗어나 유쾌한 기분을 느낄 수 있다. 소식은 황주에서 유배 생활을 시작할 때부터 스스로 직접 밀주를 빚었고「밀주가」라는 시도 남겼다. 또 혜주에서는 '계주桂酒'와 '진일주眞一酒'라는 이름의 술을 만들고 각각 그것을 소재로 이렇게 시를 읊기도 했다.

술 재료를 제자에게 보냈더니
보내온 채소는 농부의 은혜로세.
야채 안주 곁들여 계주를 마시나니
시골에서 즐기는 아쉬운 풍류.

눈 녹이고 구름 헤쳐 얻은 감로수
꿀맛 되어 또 나를 취하게 하는구나.
고개 숙인 벼와 고개 쳐든 보리는 궁합이 잘 맞고
술잔 맑고 샘물까지 맑으니 안팎이 다 청아하네.
아침 햇살 붉은 얼굴 비추는데 아직 취기는 남아
봄바람 소리 없이 시름을 날려버리네.
인간세상 진일주와 동파 노인 함께하니
이름하여 이 술을 '청주종사靑州從事'라 하겠네.

이처럼 소식이 해학적인 맛이 넘치는 시를 짓고 있다는 얘기가 당시 조정까지 알려지자 정적들은 격노해 그를 다시 해남도로 유배시켰다. 그러나 소식은 마지막 유배지인 해남도에서도 풍류가 깃든 삶의 태도를 바꾸지 않았다.

> 적적하게 지내는 동파는 이제 병든 늙은이
> 헝클어진 백발 사이로 서릿바람 살랑살랑
> 어린아이 잘못 알고 내 얼굴 붉다고 기뻐하지만
> '술기운에 붉은 생기 도는 걸 어찌 알리오' 하며 한바탕 웃는다.

동파가 남긴 최고의 맛, 인간미

소식은 생전에 '삼불여三不如'라 하여 바둑과 술, 그리고 노래를 잘 못했다고 한다. 그러나 '못함'이 결코 '싫어함'을 의미하지는 않았다. 오히려 그는 친한 벗들과 함께라면 늘 바둑을 두면서 담소를 나누고, 술을 마시면서 함께 노래를 부르고 인생을 찬미했다. 사실 애주가라 부르기에 그의 주량은 보잘것없었지만 술을 대하는 태도만큼은 누구보다 유쾌하고 인간적이었다.

> 나는 종일 술을 마셔도 5홉을 넘기지 못한다. 세상에 나처럼 주량이
> 적은 사람도 없을 것이다. 그러나 나는 다른 사람이 술 마시는 것을
> 보는 게 좋다. 친구가 잔을 들어 천천히 목구멍으로 술을 넘길 때 내
> 가슴속은 그 때문에 넓어지고 커진다. 그래서 실제로 술을 마시고

있는 벗보다도 나는 더욱 그 술의 단맛을 느낄 수 있다. 한가로이 머물 때면 하루도 벗이 찾아오지 않는 날이 없었는데 그때마다 나는 술을 대접하지 않은 적이 없다. 그러니 이 세상에 나보다 더한 애주가는 없을 것이다.

「서동고자전후書東皐子傳後」라는 글에서 소식은 술자리에서 친구가 술을 마시는 모습을 보며 친구보다 더 큰 기쁨을 느낀다고 했다. 같은 글에서 그는 또 항상 자신이 직접 만든 약을 가지고 다니다가 아픈 사람을 보면 나누어준다고 했다. 그러자 어떤 이가 "당신은 병도 없는데 왜 이렇게 약을 많이 만들며, 술도 잘 못 마시면서 왜 이렇게 술을 많이 빚나요? 어째서 남을 위해 힘들게 사나요?"라고 묻자 그는 웃으며 말했다. "병든 이가 내 약을 얻어가면 내 몸은 한결 가벼워지고, 술 마시는 자가 술에 취하면 나도 따라서 얼큰해진답니다. 그러니 순전히 나 자신을 위해 이렇게 하는 것이라오."

소식은 생의 순간순간마다 어쩔 수 없이 닥쳐오는 시련을 겸허하게 받아들이며 예술적인 삶으로 그 고비들을 유쾌하게 극복해갔다. 소식은 첫 유배지인 황주의 척박한 땅에서 힘든 농부의 삶을 이어가지만 자신의 경험을 시와 노래로 남겨 삶의 원동력으로 삼았다. 그는 「동파」라는 시에서 자신의 불우한 처지를 미학적인 공간으로 탈바꿈시키는 소탈한 면모를 보여준다.

동파적벽 ⓒ김민호

비에 씻긴 동쪽 언덕 위로 청아한 달빛,

도시 사람들 모두 돌아가고 나 홀로 거니네.

울퉁불퉁 비탈길 탓하지 마시게,

통통 울리는 내 지팡이 소리 사랑스럽기만 하네!

소식은 스스로 동파거사東坡居士라 자처하며 유배지의 척박한 땅조차도 달빛 아래서 한 노인이 장난스럽게 지팡이를 튕기며 장단에 맞춰 걸어가는 한 폭의 운치 있는 동양화로 바꾸어버렸다. 소식은 이처럼 극한의 지경에 처해서도 강인한 의지와 예술적 실천을 통해 슬기롭게 상황을 극복해나갔다. 그의 강인한 의지는 그가 가장 사랑했던 식물인 대나무가 등장하는 「녹균헌綠筠軒」을 통해서도 확인할 수 있다.

그는 자신을 찾아오는 지인들에게 소박한 상을 차려 담소를 주고받으면서 이와 같은 작품을 하나씩 탄생시켜나갔다. 그러면서 자신을 거듭 척박한 곳으로 몰아넣으려던 자들을 조롱하듯 벗들과 더불어 자연의 위대한 한량이 되고자 했다. 그 결과 탄생한 작품들은 지인들의 입을 통해 널리 퍼져나갔다. 그리하여 그가 거처하는 곳은 어디든지 명소로 거듭나고 사람들이 모여들었다. 그가 머물던 일대를 인문적인 향기가 넘치는 곳으로 변화시킨 것이다. 다음은 그의 작품 가운데 최고로 손꼽히는 「적벽부赤壁賦」의 한 대목이다.

무릇 하늘과 땅 사이 모든 만물은 각기 주인이 있는 법. 내 것이 아니라면 털끝 하나라도 취하지 않을 것이다. 다만 강 위로 부는 맑은 바람과 산 위에 둥실 뜬 밝은 달은 귀로 들어 음악이 되고, 눈으로 보아 그림이 되네. 취하여도 금하는 이 없고, 써도 써도 다함이 없으니, 이는 조물주가 허락한 끝없는 보물이라 그대와 내가 함께 즐기는 바로다.

소식은 생의 마지막 순간 대부분을 해남도에서 보냈다. 당시 그가 굶주림을 견디다 못해 심지어 햇빛을 먹으며 배고픔을 달랬다는 일화도 전해진다. 하지만 그의 유배가 소식 개인에게는 불행한 시간이었을지 모르지만 이곳 주민들에게는 크나큰 행운이었다. 소식은 주민들의 식수 문제를 해결하기 위해 우물을 팠는데 지금도 동파정東坡井이라는 유적이 남아 있다. 그리고 그는 여생 동안 서당을 열고 학생들을 가르치는 일에 집중하며 해남도의 교육과 문화 발전에 크게 공헌했다. 그러한 삶의 끝자락은 지금도 그의 공적을 기린 소공사蘇公祠라는 사당에 오롯이 남아 있다.

이 땅에 태어난 인간은 결국 모두 죽는다. 그러나 따지고 보면 단지 인간의 육신만 소멸될 뿐 한 인간이 남긴 자취까지 깡그리 소멸되는 것은 아니다. 소식은 자신이 남긴 글과 그림, 그리고 음악과 요리를 통해 1000년이 지나도록 우리 곁에 남아 있다. 그런 의미에서 소식이 남긴 최고의 맛은 바로 그의 인간미人間味일 것이다.

이시찬 ◆ 청주대학교 인문학부 동양어문학전공 부교수

성균관대학교 중어중문학과를 졸업하고 타이완국립정치대학에서 석사과정을 마쳤으며, 중국 베이징대학에서 박사학위를 받았다. 현재는 청주대학교 인문학부 부교수로 재직하고 있다. 중국 고전소설을 중심으로 역사와 사상의 흐름을 주로 연구하고 있다. 『사상과 문화로 읽는 동아시아』를 공동 집필했고, 『취옹담록』을 번역했다.

鱸魚膾

농어회

운명을 바꾼 회 한 점

중국 사람들은 날것을 즐기지 않는다. 삶거나 데치거나 찌거나 볶거
나 굽거나 지지는 등의 갖가지 조리법은 날것을 먹지 않으려는 단순
한 이유에서 비롯되었을지도 모른다. 날것 하면 가장 먼저 떠오르는
생선회도 당연히 익숙지 않다. 요즘은 외국 식문화에 쉽게 접근할 수
있어 달라지고 있지만, 여전히 회는 중국인들이 자주 찾는 음식이 아
니다. 그런데 기이하게도 중국음식점에 활어 수조가 흔히 보인다. 여
러 종류의 물고기가 유유히 다니는 모습은 우리의 횟집 수조와 다를
바가 없다. 하지만 둘의 결정적 차이는 메뉴판에서 드러난다. 한국의
생선은 날것으로 나오고, 중국의 생선은 익혀서 나온다. 한국 횟집의
물고기들은 그 빛깔 그대로 잘 저며져 나오지만, 중국식당의 물고기

들은 그 형체 그대로 잘 조리되어 나온다. 색을 취하고 형을 버리느냐, 형을 취하고 색을 버리느냐가 날것과 익힌 것의 차이를 만든다. 여유와 풍요를 의미하는 상징성 때문에 물고기의 형상은 중국음식점 곳곳에서 눈에 띈다. 그러나 특별한 음식점이 아닌 이상 중국에서 활어 수조와 물고기 그림만 보고 생선회를 떠올려선 안 된다.

또하나, 중국인은 처음과 끝이 잘 갖춰진 것을 좋아한다. 일상생활이든 일이든 모두 그렇다. 먹는 것도 마찬가지다. 중국음식에서 온전한 형태대로 나오는 요리는 물고기류가 거의 유일하다. 돼지나 양 같은 가축을 통째로 구워먹기도 하지만 그것은 특별한 지역의 특별한 음식에 해당하고, 북경오리구이의 경우 구운 오리 전체를 식전에 보여주긴 하지만 결국 테이블에 올라오는 것은 적당한 두께로 잘라낸 살코기와 껍질이다. 반면 생선은 전체를 테이블에 올리기에도 적당한 크기이고, '어魚'의 중국어 발음인 '위'가 풍족함과 여유를 뜻하는 '여餘'의 발음과 같기에 그 숨은 의미 또한 훌륭하다.

중국음식점에서 흔히 볼 수 있는 글귀인 '연년유여年年有餘'는 보기 좋게 살이 오른 물고기와 함께 그려져 있다. 온전한 하나의 생선이어야 넘치는 여유를 느낄 수 있는 것이다. 그래서인지 모임에서 생선을 먹기 시작할 때 머리나 꼬리가 아닌 몸통부터 젓가락을 대는 나름의 규칙이 있다. 머리와 꼬리가 제대로 붙어 있어야 유시유종有始有終, 선시선종善始善終, 그야말로 처음과 끝이 다 좋기 때문이다. 함께 모여 생

중국음식점에서 흔히
볼 수 있는 '연년유여' 전지

선을 먹을 때 자기 차례에서 젓가락질은 한 번만 하라는 식탁예절도 다음 차례의 젓가락질을 남겨둔다는 여유의 의미다. 사정이 이러하니 생선회는 중국인들의 식습관에 맞지 않을 수 있다. 생선은 응당 온전한 모습으로 처음과 끝을 다 갖춘 채 먹는 것인데, 회로 먹으면 머리와 꼬리를 쳐냄은 물론 몸통까지 잘게 토막 내어 식탁에 올리기 때문이다. 원래 풍요의 의미를 담은 생선을, 머리와 꼬리는 잘라내고 몸통을 갈기갈기 찢어놓으면 원만했던 운까지 토막날 수 있다고 여겨 정서상 받아들이기 쉽지 않은 것이다.

아무리 먹어도 물리지 않는 회

근래 들어 중국인의 식문화가 빠르게 변하고 있다. 원래 먹어오던 것이 갑자기 싫어져서가 아니라 원래 잘 안 먹던 것을 먹기 시작하면서 식생활이 달라진 것이다. 만두 대신 빵을 먹고, 차 대신 커피를 마시고, 밀가루 부침 대신 햄버거를 주문한다. 그래서 한때 빵 만드는 취미가 유행해 제빵기가 불티나게 팔리기도 했다. 2018년 기준 중국 내

스타벅스 매장은 4000개에 육박하는데, 최근 출시된 중국 토종 브랜드 러킨커피Luckin Coffee는 스타벅스를 이기겠다는 목표로 적자임에도 계속 커피를 뽑아내고 있다. 중국의 대표적 음식문화인 면과 차의 공간을 빵집과 카페가 잠식하는 꼴이다. 최근 들어 중국인들이 회를 먹기 시작한 것도 같은 맥락으로 볼 수 있다. 새로운 식문화에 대한 심리적 장벽이 점차 낮아진 것이다. 다만 여기에는 '처음'이 아닌 '다시' 먹기 시작했다는 단서를 붙여야 한다.

중국인은 회를 즐기지 않는다는 생각이 근래의 통념만은 아닌 것 같다. 조선 실학자 이수광은 『지봉유설』에서 "지금의 중국인은 회를 먹지 않는다"고 잘라 말했다. 세 번이나 중국 사행을 다녀온데다 정확한 정보와 지식에 자존심을 걸었던 학자의 말이니 꽤 믿을 만하다. 실제로 명나라 이후에는 생선회에 대한 기록이 현저히 줄어들고, 명과 청의 대표 소설로 음식 묘사가 적지 않은 『금병매』와 『홍루몽』에도 생선회에 대한 언급은 없다. 이수광은 중국인들이 마른 고기도 삶아 먹을 정도라 날것의 회를 먹는 조선인을 보고 다들 괴이하게 여겼다고도 했다. 최소한 17세기 초까지 중국을 잘 아는

『지봉유설』에서
회가 언급된 부분

이웃나라 사람이 보기에 중국은 회를 먹지 않는 나라임에 분명했다.

　그러나 이런 통념과 달리 중국에서 회는 오래전부터 즐겨 먹는 음식 중 하나였다. 심지어 공자는 회를 무척 좋아했다. 이수광도 공자와 맹자를 포함한 중국의 옛사람들은 생고기와 구운 고기를 모두 좋아했다고 썼다. 여기서 고기란 육지 고기와 물고기 모두 해당될 수 있다. 그러면서 이수광은 식성은 시대에 따라 변한다는 말도 잊지 않았다. 음식에 대한 공자의 생각이 집약된『논어』「향당鄕黨」편에는 "밥은 정갈한 것을 아주 좋아하고, 회는 잘게 썬 것을 아주 좋아한다食不厭精, 膾不厭細"는 기록이 있다. 잘게 썰려면 한 번이라도 손이 더 가게 마련이다. 대충 썰어놓은 회가 아니라 보기 좋게 저민 회다. 공자는 먹는 자의 입장에서 이 구절을 썼겠지만, 오히려 이 말은 음식을 만드는 사람에게 더 어울린다. 되는대로 마련한 거친 음식보다는 세심한 손길과 마음을 담은 음식이 좋다는 의미다. 공자는 이런 태도를 식생활의 예로 보았으며, 음식에 좀더 어울리는 표현은 '정성'일 것이다.

　위에 언급한 공자의 말에서 '불염不厭'은 글자 그대로 옮기면 '싫어하지 않는' 것이다. 실제로 이 부분을 '싫어하지 않다' 혹은 '좋아한다' 정도로 해석하기도 한다. 그러나 이름과 실상이 맞지 않으면 언짢아하고 호불호가 분명했던 공자가 정성 가득한 음식에 '싫지 않다' 정도의 인색한 표현을 쓰진 않았을 것이다. 여기서 불염의 맛은 단순히 싫지 않은 맛보다는 물리지 않는 맛으로 해석하는 편이 낫다. 중국어에 '백

간불염百看不厭'이라는 말이 있다. 좋은 풍경이나 장면, 물건은 아무리 봐도 질리지 않는다는 의미다. '완물상지玩物喪志'의 전 단계 정도로 보면 된다. 송나라 때 소식도 벗에게 주는 시에서 옛 경전은 백번을 읽어도 지겹지 않다며 불염이라는 단어를 썼다. 이 불염이 곧 공자가 말한 불염이다.

공자보다 수백 년 앞선 주나라 때부터 이미 회는 사람들이 좋아하는 음식이었다. 『시경』「소아小雅」편에 "여러 벗들에게 대접하려고 자라를 삶고 잉어를 회로 만드네"라는 구절이 있다. 기원전 823년 주 선왕의 심복 윤길보가 전쟁에서 승리하고 돌아온 병사들에게 잔치를 베풀면서 자라와 잉어회를 대접하는 장면이다. 나라의 최고 대신이 임금을 대신해 한턱 쏘는 자리이니 당연히 맛도 좋고 귀한 음식을 내놓았을 것이다. 비슷한 시대의 생활 범절을 소개한 『예기』「내칙內則」편에서는 "회의 경우 봄에는 파를, 가을에는 겨자를 쓴다"고 했다. 『시경』의 위 구절이 '유월'의 노래이고 음력 유월이면 보통 가을이 시작되므로 병사들은 파가 아닌 겨자와 함께 잉어회를 대접받았을 것이다. 더위가 완전히 가시지 않은 유월의 어느 날, 오랜 전투와 행군에 지친 병사들은 푹 곤 자라로 보양을 하고, 겨자로 비린 맛을 없앤 깔끔한 생선회를 마음껏 즐겼으리라.

추운 겨울날의 회는 더 인기가 좋았다. 시대를 훌쩍 넘어 당나라 때로 가보자. 현실의 참상뿐 아니라 소소한 일상도 자주 노래한 두보는

「문향의 강소부가 회를 대접하여 재미삼아 긴 노래를 드리다閬鄕姜七少府設膾戱贈長歌」라는 시를 남겼다. 마을을 다스리는 관리가 엄동에 구하기도 힘든 생선회를 내놓자 애써 감사를 표한 것이다. 꽁꽁 언 강물을 깨고 어렵게 잡아올린 물고기를 솜씨 좋은 요리사가 잘게 썰어 회로 만드는데, 그 모습이 마치 "하얗게 부서진 눈이 소리 없이 내리는 듯하다". 이런 귀한 회를 누군들 좋아하지 않겠는가! 그러니 "접시에 깔아둔 흰 종이가 젖을 겨를이 없고, 젓가락을 대자마자 쟁반은 텅 비어버린다". 좋은 안주에 맑은 술까지 더해 두보는 몸을 가누지 못할 정도로 과음을 한다. 두보 시대 사람들에게도 생선회는 그야말로 '불염'의 먹거리였던 것이다.

회 잘 뜨는 '회장'님

북송 때 잡사를 모아놓은 『춘저기문春渚紀聞』의 「몽회夢膾」 조목에 '회장膾匠'이라는 재밌는 단어가 나온다. 글자 그대로 '회 뜨는 장인'이다. 목공 일을 잘하는 목장, 돌을 잘 다듬는 석장처럼 회 잘 뜨는 사람을 회장이라고 특별하게 불러주었다. 기록에 따르면 오흥吳興, 즉 지금의 절강성 호주湖州 사람들은 모임 때면 꼭 생선회를 떠서 먹었다. 이때 칼을 잡는 사람을 회장이라 불렀다. 원래는 회를 좋아하지 않는 한 관리가 꿈속에서 생선회 한 접시를 임금으로부터 하사받는다. 그런데 깨고 나서도 그는 꿈에서 맛본 그 기막힌 회 맛을 잊지 못해 마을의 회장이라 할 만한 사람에게 매일 한 접시씩 회를 바치도록 한다. 그렇게 1년여를 먹다가 다시 생선회를 하사받는 꿈을 꾸었는데, 어찌된 일인지 그후로는 비린내만 풍겨 다시는 생선회를 먹지 않게 되었다는 이야기다.

　역시 북송 말 수도 변경汴京의 풍속을 묘사한 『동경몽화록東京夢華錄』에도 생선회를 즐기는 장면이 나온다. 음력 3월 1일, 황실에서 연못과 정원을 개방할 때면 사람들은 뱃놀이를 하며 봄날의 풍경을 만끽하곤 했다. 금명지金明池 후문 쪽은 유람객들이 드문 대신 강태공들이 자주 찾아왔다. 지금의 낚시터처럼 이곳에서는 관리사무소에 돈을 주고 패牌를 받아야만 낚싯대를 드리울 수 있었다. 사람들은 낚시꾼에게서 생선을 사다가 물가에서 바로 회를 쳐서 먹었다. 이때는 물고기 값이 평소의 두 배로 뛰었다고 하니 요즘 횟집의 '시가市價'와 다를 바가 없다. 좋은 날에 모처럼 나들이 나와 대충 썬 막회를 먹고 싶진 않았을 터라, 회 잘 뜨는 회장님이야말로 모임에 꼭 필요한 사람이었을 것이다.

　그렇다면 이 회장의 솜씨는 어느 정도였을까? 앞서 소개한 두보의 시에서 "하얗게 부서진 눈이 소리 없이 내리는 듯" 썰어낸 회는 회장의 솜씨임에 분명하다. 마을에서 제일 높은 사람의 명을 받았으니 그 마을에서 회를 제일 잘 뜨는 사람이 칼을 잡았을 것이다. 당나라 때 기이한 일들을 모아놓은 『유양잡조酉陽雜俎』「물혁物革」편에는 남효렴이라는 절대 고수가 등장한다. 그의 솜씨에 대한 묘사는 두보 시를 능가한다. 그가 뜨는 회는 "비단같이 얇고 실처럼 가늘어 입으로 불면 날아갈 정도로 가벼웠으며, 칼질을 할 때면 그 소리가 마치 박자를 맞추는 듯 민첩했다". 어느 날 이 사람이 손님들을 모아놓고 자기 실력을 뽐내는데 갑자기 폭풍우가 몰려오고 벼락이 한 번 치더니 떠놓은 회가 모두 나비가 되어 날아가버린다. 너무나 놀라고 두려워 다시는 회를 뜨지 않았다고 하니, 모름지기 이 정도는 되어야 회장 중에서도 으뜸이라 할 것이다.

생선회에 대한 소식의 묘사는 두보 시와 『유양잡조』를 합쳐놓은 듯하다. 소식은 절강성 초계苕溪에서 여러 벗과 뱃놀이를 하며 「성 남쪽에 배를 띄우고泛舟城南」라는 시를 남겼다. 때는 유월 어느 날, 소식을 비롯한 다섯 친구는 연꽃이 가득한 시내에 배를 띄우고 제철인 농어를 헐값에 사서 회를 뜨도록 한다. 어서 맛보고 싶은 생각에 횟값을 되는대로 치른다. 연잎 향의 쌉쌀한 술을 음미한 소식은 회 뜨는 장면을 이렇게 묘사한다. "팔꿈치를 움직일 때마다 바람을 일으키며 회를 뜨는데, 칼이 가는 대로 하얀 눈이 떨어지고 실처럼 회가 날린다." 이들의 뱃놀이에도 솜씨 좋은 회장이 동행했음이 분명하다.

운명을 바꾼 생선회

회가 사람의 운명을 바꾼 경우도 있다. 『세설신어世說新語』와 『진서晉書』에 나오는 유명한 이야기다. 장한이라는 진나라 관리가 낙양에서 제왕齊王 사마경을 모시고 있었다. 그는 평소 자기 벼슬이 높지도 않은데 일은 많고 앞길도 분명치 않아 속으로 불만이 쌓여갔다. 계속되는 전란에 주변 사람들도 하나둘 산림으로 떠나던 때라 마음이 더 뒤숭숭했다. 하지만 그동안 쌓아놓은 공명을 쉽게 버릴 수도 없는 노릇이었다. 그러던 어느 날, 장한은 문득 불어오는 가을바람에 떠나고 싶은 마음이 간절해져 그길로 벼슬을 그만두고 고향인 오吳 땅으로 향했다. 이때 그의 향수를 자극한 음식이 바로 순채탕과 농어회다. 더위가 가시지 않은 초가을, 제철을 맞은 농어회와 시원한 순채탕은 걱정과 시름만이 아니라 막연한 미련과 기대까지도 과감히 버리게 해주었다. 천리 밖에서 허울뿐인 공명에 갇혀 사느니 고향의 제철 음식을 마음껏 맛보며 사는 것이 진정한 낙이라 생각한 것이다. 공교롭게도 그가 고향으로 돌아온 지 얼마 안 되어 그가 모셨던 제왕은 반란 세력에게 피살되고 그 측근들까지 모두 죄를 뒤집어쓰고 목숨을 잃었다. 물론 그는 이 무상한 정쟁의 소용돌이에 휩쓸리지 않았다. 그가 애초에 모반의 분위기를 눈치채고 서둘러 벼슬을 버렸는지, 아니면 정말로 가을바람에 마음이 동했는지는 알 수 없으나, 먼 고향의 농어회와 순채탕이 그의 운명을 바꾼 것은 분명하다. 이후 '순갱노회純羹鱸膾' 혹은

명대『삼재도회三才圖會』에
묘사된 농어

'순로지사純鱸之思'는 고향을 그리워
하는 마음을 뜻하는 성어로 쓰이게
되었다.

막돼먹은 사내들과 돼먹은 사내
들이 얽히고설킨『수호전』에는 마
구 썬 막회와 그럴듯한 음식으로
만든 회가 모두 나온다. 인물의 성
격과 비중에 따라 되는대로 손질한
잔챙이회를 먹기도 하고 주방장의
손을 거친 금빛 잉어회를 대접받기
도 한다. 예컨대 지략이 뛰어났던
오용이 뱃사람 완씨 형제를 처음

만나는 장면에서는 육회와 생선회가 한꺼번에 등장한다. 완씨 형제는
막 잡은 황소의 시루떡 같은 고기를 썰어서 오용에게 먼저 대접한다.
서생 오용이 먹는 둥 마는 둥 하자 일곱째 완소칠이 배에 있던 잔챙이
활어를 되는대로 손질하여 안주로 내놓는다. 원문에 '회'라는 글자는
없지만 앞뒤 사정을 보면 육회와 생선회를 먹었음에 분명하다. 급히
모인 술자리에서 방금 잡은 소와 작은 생선들을 그럴싸한 요리로 내
놓을 겨를은 없었을 것이다. 그래서인지 이문열의『수호전』에서는 이
부분을 아예 "제 손으로 회를 떠왔다"고 바꿔 쓰기도 했다. 잔챙이 활

어회는 우리나라 남해안 지역에서 흔히 먹는 세꼬시, 뼈꼬시를 연상시킨다. 작고 연한 생선을 뼈째 썰어서 씹어 먹는 독특한 생선회다. 경상도 쪽은 세꼬시라는 말을, 전라도 쪽은 뼈꼬시라는 말을 더 많이 쓴다.

『수호전』의 실질적 주인공이라 할 수 있는 송강은 유독 생선을 좋아했다. 한번은 송강, 대종, 이규, 장순 네 사람이 함께 술자리를 가졌다. 장순의 별명은 '낭리백도浪

명대 『수호인물전도水滸人物全圖』에 묘사된 송강과 대종

裏白跳', 즉 하얀 물보라를 일으키며 파도를 넘어가는 사람이다. 장순은 술집 점원에게 자기가 구해온 생선 중 한 마리는 매운탕을 끓이고 한 마리는 회로 쳐서 내오도록 한다. 주방장은 매운탕에 주향酒香이 배도록 생선을 찌는 예사롭지 않은 조리법을 선보인다. 이런 주방장이 완소칠처럼 대충 썬 회를 내놓진 않았을 것이다. 송강은 여기서 잉어회를 실컷 먹고 그날 저녁에 장순이 챙겨준 생선을 또 먹는다.

지나치면 결국 탈이 나는 법. 본래 강골과는 거리가 멀었던 송강은 그날 밤 심하게 앓아눕는다. 이런 사정을 알 리 없는 장순은 이튿날 또 생선을 들고 송강을 찾아온다. 이후 며칠의 조섭으로 병에서 회복한 송강은 다시 한번 과한 행동을 하고 만다. 가뿐해진 몸으로 또 술집에 갔다가 홀로 취흥에 겨워 하얀 벽에 붓을 날려 시 두 수를 쏟아내고, '운성 송강 작'이라는 낙관까지 호기롭게 남겨둔 것이다. 그날 황문병이라는 자가 우연히 이 시를 발견하여 한 구절 한 구절 따져 읽고는 이를 반역의 시로 간주해버린다. 그가 시를 베껴 고을의 지부知府에게 보여주자 즉시 송강을 체포하라는 명이 떨어진다. 관아로 끌려온 송강은 심한 고초를 당한 후 사람들의 도움으로 어렵게 그곳을 빠져나온다. 무리들이 합심해 사형 직전의 송강을 구출하는 과정은 『수호전』 중에서도 박진감 넘치는 명장면으로 꼽힌다. 이 사건을 계기로 관군과의 본격적인 싸움이 시작되고, 곳곳의 호걸이 양산으로 모여들며, 송강은 점차 양산박의 영수가 되어간다. 결국 심한 복통에서 벗어나 홀가분하게 날린 반역의 시가 큰 사건을 연이어 초래했으니, 그 좋아하는 잉어회를 한 점만 덜 먹었다면 송강의 운명은 달라졌을까?

정광훈 ◆ 한국외국어대학교 중국어통번역학과 객원강의교수
한국외국어대학교 중국어과를 졸업하고 베이징대학에서 중국 고대문학으로 박사학위를 받았다. 고려대학교 민족문화원연구원 HK연구교수를 거쳐 지금은 금강대학교 학술연구교수와 한국외국어대학교 객원강의교수로 재직중이다. 중국 당대唐代 문학을 중심으로 그 시절의 삶과 문화를 연구하고 있다. 『현대중국학특강』『동아시아 문학 속 상인 형상』 등의 책을 여러 사람과 함께 쓰고, 『당대 변문』『그림과 공연』『중국문학 속 상인세계』 등을 공동 번역했다.

쑹수구이위

松鼠桂魚

다람쥐 모양 생선 칼집 탕수

소담스러운 국화꽃 한 송이를 품은 생선이 우아하게 놓여 있다. 대가리와 꼬리를 위로 향한 채 승천이라도 하려는 듯 오렌지 빛깔 화장을 하고 그 맵시를 한껏 뽐내고 있다. 겉은 바삭바삭하고 속은 촉촉하며 달콤하긴 또 얼마나 달콤한지. 거기다 향기로운 표고버섯, 아삭아삭한 죽순, 톡톡 터지는 완두콩이 포인트를 주어 더욱 입맛을 돋운다. 승천하는 생선이라. 다람쥐 모양의 새콤달콤한 생선 칼집 탕수, 쑹수구이위松鼠桂魚다.

　가끔은 열심히 살고 고생하는 자신에게 상을 주고 싶어진다. 그때 찾는 것이 바로 보양식이다. 보양식은 말 그대로 몸을 보하고 건강하게 만드는 음식을 말한다. 보양식 하면 잉어가 제일 먼저 떠오른다.

다람쥐로 위장한 잉어

잉어는 세계 각국에서 볼 수 있는 민물고기로, 호불호가 갈리지 않는 길한 생선이다. 특히 중국에서는 생선의 신, 생선의 왕이라 손꼽힐 정도로 오래전부터 인기가 좋았다. 공자는 잉어를 선물로 받고 아들의 이름을 잉어를 뜻하는 '리鯉'라 지을 정도였다.

　잉어를 이용한 대표적 음식으로는 날것 그대로 먹는 잉어회, 생선 칼집 탕수인 쑹수구이위, 생선탕수에다 튀긴 면을 올려 먹는 리위베이몐鯉魚焙面 등이 있다. 이 가운데 눈길을 끄는 요리가 바로 소주의 대표 요리인 쑹수구이위다. 중국요리는 요리 이름을 지을 때 재료, 칼질, 조리법, 사람 이름 등을 이용한다. 특히 재료 이름을 함께 표기해 손님에게 "당신은 어떤 요리를 먹습니다"라고 알려주는 센스를 보여주기도 한다. 물론 물고기 맛魚香을 낸 가늘게 썬 돼지고기肉絲, 즉 위샹러우쓰魚香肉絲처럼 그렇지 않은 음식도 있어 당황스러울 때도 있지만 말이다. 그런데 쑹수구이위에는 잉어를 나타내는 리鯉 자가 보이지 않는다. 왜 그런가?

　쑹수구이위는 잉어를 주재료로 해서 만든 음식이다. 쑹수구이위를 만드는 방법은 이렇다. 먼저 잉어의 비늘을 벗기고 내장을 손질한다. 칼로 잉어의 양쪽 등에 칼집을 내고 맛술을 부어 잡내를 제거한 다음 소금을 뿌려 간을 해둔다. 그리고 전분을 골고루 묻혀 뜨거운 기름 솥에 꼬리를 잡고 머리부터 집어넣어 튀긴다. 칼집이 벌어지도록 튀기면 그 모습이 활짝 핀 국화꽃 같기도 하고, 벌어진 솔방울 같기도 하고, 먹기 좋게 칼집을 넣은 망고 같기도 하다. 주방장의 솜씨와 요리를 먹는 사람의 심미안에 따라 그 모습 또한 다양하리라. 특히 기름에 샤워하고 나온 잉어의 몸에 묻어 있는 전분은 마치 흰 눈이 소복이 내린 것 같아 "환장한다!" "미친다!"라는 탄성을 불러일으킬 정도로 비주얼이 최고다. 게다가 머리와 꼬리까지 하늘을 향한 모습은 영락없이 살아서 팔딱대는 생선이다. 여기에 소금과 간장, 식초, 설탕 등의 양념을 넣어 만든 소스를 뿌려 먹으면 정말이지 천상의 맛이 따로 없다. 새콤달콤 입맛 돋우는 코스요리의 백미다.

쑹수구이위는 청나라의 대표적 미식가 건륭제의 입맛에서 탄생한 요리다. 강남의 음식을 좋아했던 건륭제는 어느 날 소주에 갔다가 송학루松鶴樓라는 식당에 들어갔다. 이곳에서 잉어의 살짝 솟은 등과 청황색 사이로 보이는 검은 무늬에 홀딱 반한 건륭제는 잉어로 만든 요리를 부탁한다. 그러나 한족의 오랜 풍속에 따르면 잉어는 사람이 먹는 음식이 아니라 제사용이다. 그래서 잉어를 식재료로 사용하는 것 자체가 신에게 죄를 짓는 행위가 된다. 요리사는 절대 안 된다며 손사래를 쳤지만, 여기서 포기할 건륭제가 아니었다. 천벌도 무섭고 황제의 처벌도 무서웠던 요리사는 한참 고민한 끝에 요리를 하기 시작했다. 그런데 완성된 요리를 보니 잉어의 모습은 온데간데없고 요리는 다람쥐 모양을 하고 있지 않은가. 요리사는 기지를 발휘해 다람쥐를 뜻하는 '송서松鼠'라는 이름을 붙였다.

　음식을 맛본 건륭제는 극찬했다. 요리사는 이렇게 최대한 잉어의 모습을 감춘 잉어 요리를 내놓음으로써 신의 처벌을 면하고 황제에게는 맛난 음식을 대접해 칭찬을 받았다. 요즘 말로 표현하자면 위기관리 능력이 아주 탁월한 사람이었던 셈이다. 그뒤로 이 요리는 매우 유명해졌지만, 잉어를 먹지 않던 당시의 관습 때문에 사람들은 이 음식을 대놓고 즐겨 먹을 수가 없었다. 새콤달콤한 생선 칼집 탕수의 맛이 못내 아쉬웠던지 꿩 대신 닭이라고 잉어 대신 쏘가리桂魚를 이용해 같은 조리법으로 요리를 만들어 먹으면서 '송서계어松鼠桂魚', 즉 쑹수구이위라는 이름이 탄생했다.

쑹수구이위를 위에서 본 모습.
오렌지 빛깔 화장을 하고 머리와
꼬리를 하늘로 쳐든 채 승천하려는
잉어의 모습이 엿보인다. ⓒ 이민숙

쑹수구이위를 앞쪽에서 본
모습. 잉어 모습은 보이지 않고
다람쥐 모양을 하고 있다. ⓒ 이민숙

물고기를 먹는데 어찌
반드시 황하의 잉어라야만 하는가?

잉어는 한자로 '리鯉'다. 물고기 어魚 자와 마을 리里 자로 구성된 글자다. 고대 중국인들은 왜 물고기 이름에 리里 자를 갖다 붙였을까? 송나라 심괄의 『몽계필담夢溪筆談』에 따르면, 잉어는 옆줄 양쪽으로 36개의 비늘이 있고 각 비늘에는 열십자 모양의 무늬가 있다. 즉 36개의 비늘에다 10을 곱하면 360이 되는데, 과거에는 사람의 걸음 360보가 1리였다. 그래서 잉어의 비늘 360개가 1리에 해당하는 걸음 숫자와 딱 맞아떨어진 데서 리里 자를 붙였다.

또한 잉어는 큰 강 하류의 물 흐름이 느린 곳이나 댐, 호수, 저수지 등의 바닥里에서 활동하다 알을 낳을 때가 되면 수면 위로 올라온다. 강바닥에서 사는 이 습성 때문에 '리里' 자를 붙였다. 수면 위로 올라온 잉어가 얕은 물에 있는 수초나 암석 여기저기에 알을 낳고 다시 물속으로 사라지면 4~8일 뒤 알이 부화한다. 그래서 예로부터 잉어는 번식력이 강해 건어健魚라고도 불렸다. 과거 민간에서 신혼 첫날밤에 신랑신부가 신방으로 들면 뭇 여자들이 얼른 자식을 보라는 의미에서 돈, 대추, 밤 등을 신방으로 던져 넣었다. 그런데 이 모습이 잉어가 수초에 알을 낳는 모습과 겹쳐지면서 잉어는 여성을 의미하고 나아가 애정과 다산을 상징하게 되었다.

물고기를 먹는데 어찌 반드시 황하의 잉어라야만 할까?

장가를 드는데 어찌 꼭 송宋나라 자子씨네 딸이어야만 할까?

　　　　　　　　　　　　－『시경』「진풍陳風·형문衡門」

　이 시는 잉어에 대한 중국 최초의 기록이다. 예로부터 잉어는 황하산이 최고였다. 그래서 『청패유초清稗類抄』에서는 "황하에서 나는 잉어가 (살점이) 달달하고 신선하며 도톰해 입에 살살 녹는 것이 진품이라 할 만하다"고 했고, 양梁나라의 도홍경은 황하산 잉어를 "생선의 왕"이라고 했다.

　그런데 이 시의 작자는 나무 막대로 걸쳐놓은 대문衡門에 살고 있다. 세상을 등진 은둔자 아니면 몰락한 관리 정도로 짐작된다. 그러나 황하의 잉어가 누구나 먹을 수 있는 음식이던가? 위안스카이가 황제가 되었을 때 개봉 현령이 도맡아 매일 황하의 잉어를 진상했다. 이렇듯 황하의 잉어는 아무나 손쉽게 먹을 수 있는 음식이 아니었다. 또한 당시 장가를 들 때는 명문가 송나라 자씨 집 딸이 최고였다. 하나 가난한 내가 함부로 넘볼 상대가 아니다. 이 시에서 맛난 잉어는 곧 자기 집 자손을 보게 해줄 여성인 것이다. 그래서 당나라 때의 이하李賀는 대놓고 여성을 잉어에 비유해 "당신은 잉어 꼬리 드세요. 저는 성성이 입술을 먹을 테니"(「상화가사相和歌辭·대제곡大堤曲」)라고 했다. 명문가의 딸이 아니면 어떻고 좋은 음식 못 먹으면 어떤가! '나는 그저 내 형편에

맞게 욕심 버리고 소소하게 살아가리라!' 다짐하는 시인의 모습이 눈
에 선하다.

신의 물고기인들 어찌
사람의 뜻을 거스를 수 있겠는가

잉어는 일찍부터 달콤한 맛과 녹는 듯 부드러운 식감 때문에 횟감으
로 사용되었고 단백질과 비타민 함량이 높아 보양식으로도 애용되었
다. 이랬던 잉어가 신물이 된 것은 당나라 때부터다. 중국에서는 글자
나 단어의 발음이 서로 같거나 비슷하면 그 글자를 바꿔서 복을 빌거
나 불행을 피해가는 해음 풍습이 있다. 중국어로 잉어를 뜻하는 '리鯉'
는 그 발음이 당나라를 세운 이씨 왕조의 '리李'와 같다. 바로 여기에
비밀이 있다. 이씨 왕조는 선비족의 후예로, 중원에 들어오면서 왕조
의 정통성을 확보하고 가문을 드높일 필요가 있었다. 그래서 이들은
도교의 시조인 노자 이담李耼을 자신들의 시조로 받들고 노자를 '태상
현원황제太上玄元皇帝'와 '성조대도현원황제聖祖大道玄元皇帝'로 추증했다.
금고琴高나 자영子英 같은 이는 잉어를 타고 승천해 신선이 되었다 하
여 잉어는 신선의 표식이자 도교와 떼려야 뗄 수 없는 존재였다. 따라
서 노자를 조상으로 내세운 당 왕조가 잉어를 신물로 지정한 것은 당
연한 일이었다. 또한 낙양의 상양궁을 축조할 때 땅에서 잉어 두 마리

가 새겨진 구리 그릇이 출토됐는데 이는 곧 이씨 왕조의 당나라 건국이 틀림없는 하늘의 계시임을 뜻한다고 여겼다. 이에 당 정부는 잉어 포획을 금하고 잉어를 잡으면 바로 놓아주고 먹지 못하도록 국법에 명시했으며, 잉어를 '적혼공赤鯤公'이라 부르면서 궁궐 출입증으로 어부魚符를 사용하기도 했다. 그러나 어찌하랴. 본래 하지 말라고 하면 더 하고 싶은 것이 사람의 마음인 것을.

　　낭군은 옥 재갈 물린 청총마 타고, 시녀는 금 쟁반에 잉어회를 바치네.
　　　　　　　　　　　　　　　　　-왕유, 「낙양여아행洛陽女兒行」

뱃머리에 화덕에서 밥 짓고 잉어를 삶네.
　배불리 먹고 일어나 한가롭게 노닐다가 가을 강물에 세수하고 양치하네.
　　　　　　　　　　　　　　　　　-백거이, 「주행舟行」

　전자는 원하면 언제든지 잉어회를 먹을 수 있는 권문세가의 화려한 생활을 읊은 것이고, 후자는 강주江州로 유배 가는 백거이가 선상에서 지은 시다. 권력 있는 자들이 불법을 저지르며 미식을 즐기는 것이야 어제오늘의 일이던가. 세상의 모든 욕심을 버린 채 늦잠을 자고 천천히 일어나 삶은 잉어에 배불리 밥 먹는 죄수 신분 백거이의 모습이 인상적이다. 사실 집이나 배는 비밀스러운 개인 공간이라 할 수 있다. 집에서는 집안사람들 입만 단속하면 그뿐이고, 뱃사공에게는 얼마간의 돈만 찔러주면 그뿐 아니던가.

당나라 때는 장안에 호인胡人이 운영하는 술집이 있었다. 술집이란 본래 누구나 와서 즐길 수 있는 공개된 장소다. 하조賀朝의「주점의 호희胡姬에게 바치며」에는 "옥쟁반에 잉어회가 놓였고, 금장식한 솥에 양고기를 삶네. 손님들은 피로해하거나 흐트러짐 없이 호희의 노래를 듣네"라는 구절이 있다. 당시 나라에선 잉어를 먹지 못하게 국법으로 금지했으나 술집에서는 잉어회와 양고기를 차려놓고 손님을 받았다. 국법이 지엄한데 사람들은 왜 이렇게 잉어를 즐겨 먹었을까? 잉어의 중국어 발음인 '리'와 이익을 뜻하는 '이利'의 발음이 같기 때문이다. 이들은 잉어를 먹고 친구나 친척들에게 잉어를 선물함으로써 행운이 찾아오기를 바랐다. 21세기인 지금은 어떠한가. 식사 초대 자리에 쏘가리구이위가 나오느냐 아니냐에 따라 자신이 얼마나 중요한 손님인지 판가름난다. 이는 쏘가리를 가리키는 '계어'의 계桂 자 발음이 귀하다는 의미를 지닌 '귀貴'의 발음, '구이'로 같기 때문이다.

이처럼 잉어는 국가 이념 면에서는 신물이지만, 개인 입장에서는 행운의 표식과도 같다. 제아무리 나라에서 잉어를 먹지 못하게 해도 풍요와 행운, 신분 상승의 아이콘인 잉어를 어찌 놔두겠는가! 아무리 잉어 신분이 높아도 민간의 풍습과 민심을 거스를 수는 없었다.

잉어의 기를 받아 부귀영화를 누릴지어다

중국 사람들은 전통적으로 부귀, 지위, 권세를 상징하는 용을 숭배했다. 또한 잉어가 변신한 것이 용이기 때문에 잉어 역시 용의 새끼라고 생각했다.『태평광기太平廣記』에 따르면, 옛말에 봄물이 밀려올 때 물고기들이 용문龍門으로 뛰어오르면 용으로 변하는 것도 있다. 그 물고기가 바로 잉어다. 잉어는 왜 봄에 굳이 용문으로 올라가려는 것일까? 용문만 올라서면 드넓은 황하의 상류가 나오지만 용문 아래의 물살은 험하기 이를 데 없어 여차하면 죽음도 감수해야 한다. 그런데도 잉어는 굳이 용문을 통과해 황하의 상류로 나아가려 한다. 잉어는 봄에 알을 낳는다. 물밑에서 살다 산란기가 되면 수면으로 나와 수초에 알을 낳고 다시 수면 아래로 내려간다. 그래서 수초가 많은 곳으로 이동해야 하는데, 물살이 느리고 수초가 많이 자라는 황하의 상류가 안성맞춤이었다. 그러니 목숨을 걸고서라도 그리로 올라가야 했다. 이렇게 용문을 통과한 잉어는 알을 낳고, 거기서 부화한 잉어는 영광스러운 삶을 살게 된다.

『삼진기三秦記』에 따르면 1년에 용문으로 올라가는 잉어는 72마리에 불과하다. 그 옛날 한미한 집안 사람이 출세할 수 있는 길은 과거가 유일했고, 과거의 꽃이자 출세의 지름길이라 할 수 있는 진사과는 특히 급제하기 어려워 당나라 때 "나이 쉰의 젊은 진사五十少進士", 즉 쉰 살에 진사과에 합격하면 그것도 빨리 합격한 거라는 말이 있을 정도

잉어용문뛰어넘기 기념우표, 대한민국역사박물관 소장.
2008년 8월 8일 중국에서 발행된 잉어용문뛰어넘기 기념우표로, 잉어가 용문을 뛰어넘기 위해 바다를 헤엄치는 모습과 용문을 힘차게 뛰어오르는 모습을 묘사하고 있다.

작자 미상, 〈약리도躍鯉圖〉, 국립민속박물관 소장. 이 그림은 물속에서 잉어가 물결을 일으키며 공중으로 뛰어오르는 모습을 묘사하고 있다.

였다. 이에 사람들은 과거 급제가 잉어가 협곡에 올라가는 것만큼이나 힘들다고 생각했고, 협곡에 올라간 잉어의 용기와 불굴의 정신을 이야기하면서 서로 격려했던 것이다. 이로부터 사람들은 과거에 급제해 진사가 되는 것을 잉어가 용이 되는 것에 비유해 '등용문登龍門'이라 일컬었다.

그 어렵다는 과거에 급제했다면 잔치가 빠질 수 없다. 당나라 때는 어렵게 과거에 급제한 사람들을 위해, 국가에서 곡강지의 정자에서 곡강회曲江會라는 큰 연회를 베풀어 축하해주었다. 또한 일부 급제자들은 나라에서 베풀어준 잔치만으로 부족했는지 소미연燒尾宴이라는 자축연을 벌였고, 이때 반드시 잉어 꼬리 구이燒鯉魚를 먹었다. 왜 하필 잉어 꼬리 구이인가? 잉어가 용문으로 튀어오를 때 때맞춰 꼬리에서 저절로 불이 나 꼬리마저 태우면 용이 되어 승천한다고 여겼기 때문이다. 이처럼 급제자들 역시 창창한 미래를 꿈꾸며 신분 상승을 기원하는 마음에서 잉어 꼬리 구이를 먹었던 것이다.

지금도 중국에는 연말연시가 되면 가정이나 점포 등에 한 해의 행운을 기원하는 그림인 연화年畵를 붙이는 풍습이 있다. 그중 〈어룡변화魚龍變化〉라는 연화가 심심치 않게 나붙는데, 이 연화의 의미가 바로 '잉어가 용문으로 튀어오른 등용문'에서 나온 것이다. 팍팍한 현실을 살아가는 사람들은 이 한 장의 연화를 붙임으로써 잉어의 기운이 더 나은 미래와 행복을 가져다주길 바란다. 이처럼 중국에서 잉어는 단순한 식재료가 아니라 행운과 소망의 표식이다.

이민숙 ◆ 한림대학교 인문학연구소 학술연구교수
한국외국어대학교에서 중국문학 전공으로 박사학위를 받았다. 중국 고전소설과 필기문헌, 문화 관련 연구를 하고 있다. 고서적 읽는 것을 좋아해 틈틈이 중국 전통시대의 글을 번역해 출간하고 있다. 특히 필기문헌에 실려 있는 중국 전통문화를 이해하고 재구성하는 것에 관심이 많다. 저서로 『한자 콘서트』(공저)가 있다. 역서로 『열미초당필기』가 있고, 『태평광기』『우초신지』『풍속통의』를 공동 번역했다.

마파두부

마음씨 고운 아주머니의 서민 음식

회남왕이 단사를 달이다가, 우연히 두부를 만들었네.

향기는 난초나 사향과 다르고, 색은 우유처럼 희었네.

그후 이천 년 동안, 전하고 전하여져 전국으로 퍼졌네.

남쪽과 북쪽 그 맛이 다르고, 딱딱하고 부드럽기는 간수 넣기에 따라 변하네.

풍부하고 신선하여 생선, 고기와도 어울리고, 채소를 넣어 같이 끓여도 좋다네.

진 마파가 알싸한 매운맛을 더하니, 보글보글 짭조름하게 끓어올랐네.

먹자니 빛깔도 곱고, 어른 아이 할 것 없이 오장이 튼튼해지네.

마침내 억조창생으로 하여금 풍년에 배를 두드리게 해주었으니,
콩 심으신 분들 감사하노라. 콩대 심은 땅에 흘린 땀방울들이여!

-왕정치汪曾祺, 「두부豆腐」

어릴 적에 유난히도 넋을 놓고 바라보기 좋아하던 장면이 있다. 바로 가마솥에 두부 끓이는 모습. 사실 우리집 살림살이가 뭔가를 제대로 만들어 먹는 규모는 아니었지만 그 옛날 할머니 살아 계실 적에는 맷돌에 콩을 갈아 두부를 만들어 먹었다. 할머니께서 거칠게 간 콩을 커다란 솥에 넣고 계속 저어가며 두부를 만들면 나는 그 옆에 멍하니 지켜 서서 몽글몽글 끓어오르는 두부를 홀린 듯 바라보았다. 초점 없는 눈으로 바라본 솥 안의 두부는 온통 혼돈의 세계였다. 장자가 상상한 혼돈이 꼭 이런 모습이었을 것이다. 인고의 시간을 혼돈 속에서 버틴 두부는 틀에 들어가 성형을 마치고 네모난 모습으로 재탄생한다. 그러나 아직도 내가 떠올리는 두부는 솥 안 혼돈 상태의 그것이다.

2019년 1월 어느 날, 사천성 성도成都행 비행기에 몸을 실었다. 제법 긴 시간의 비행 끝에 성도에 도착했고, 성도에 머무는 동안 가급적이면 매 끼니 마파두부麻婆豆腐를 먹으려 노력했다. 거리에서 파는 3위안짜리 마파두부부터 고급 식당에서 파는 50위안짜리 마파두부까지, 각양각색의 마파두부를 두루 섭렵했다. 중국 어디건, 아니 한국 어느 중식당이건 마파두부가 없겠는가! 그러나 '오리지널'을 먹어보겠다는

길거리표 마파두부 ⓒ이주해

일반 식당에서 파는
마파두부 ⓒ이주해

고급 식당에서 파는 고가의 마파두부 ⓒ이주해

의지를 굳이 실천에 옮긴 것이다.

나오라는 단약은 안 나오고 대신 탄생한 두부

불사의 염원에서 수많은 신화와 전설과 종교가 탄생했다. 목이 잘려 머리가 날아갔지만, 몸통으로 눈과 코와 귀가 옮겨가 방패를 들고 영원히 춤을 추게 된 형천刑天, 바다에 빠져 죽었지만 작은 새로 환생하여 자신을 빠트려 죽인 바다를 메우고자 하염없이 작은 돌멩이를 물어다 던져 넣었던 정위精衛. 인류는 불사를 갈망했고, 꿈꾸었으며, 믿었다.

그런데 두부까지 그럴 줄은 정말 몰랐다. 두부의 탄생이 이 유구하고도 요원한 인류의 염원과 관련 있을 줄이야. 찾아보니 두부는 한고조 유방의 손자로 회남왕에 봉해진 유안劉安이 여덟 명의 연단사와 초산楚山에 모여 불로장생약, 즉 단약丹藥을 만들다가 우연히 발견했다고 한다. 그전부터 중국인들은 이미 콩즙(두유)을 즐겨 마셨는데, 이 콩즙이 석고처럼 응고되면서 말캉말캉한 반고체 형태로 변한 것이다. 나오라는 단약은 안 나오고, 뜻밖에 멍울멍울 향긋한, 희고 보드라운 두부가 탄생했다! 결과적으로는, 사람을 혼미하게 하고 결국 목숨을 앗아가고 마는 단약 대신 몸에 이로운 두부가 나온 것이 얼마나 다행한 일인지 모르겠다. 유안은 이렇게 의도치 않게 두부의 조상이 되고 말

았다. 명대 이시진의 『본초강목』에서도 "두부 만드는 법은 회남왕 유
안에게서 시작되었다"고 말하고 있으니 믿을 수밖에.

유안은 황실의 후손으로, 낭만적인 보스이자 박식한 인문학자였다.
그는 시인 묵객들을 늘 옆에 두고 문학과 예술을 담론했고, 당시 유전
하던 신화와 전설, 그리고 다양한 학설을 모아 『회남자淮南子』를 편찬
하기도 했다. 그러나 만년에 난을 일으켰다 결국 자살로 생을 마감한
비운의 인물이기도 하다. 후세 사람들은 '두부'라는 맛난 음식을 남겨
준 이 로맨티스트의 죽음을 자살 그대로 받아들이지 않고 그가 신선
이 되어 승천했다고 믿었다. 갈홍이 지은 『신선전』 권4에 「유안」 조목
이 실려 있는데, '승천'에 대한 당시 사람들의 믿음이 얼마나 완강했는
지 대략 짐작할 수 있다.

여덟 명의 공이 유안에게 산에 올라 큰 제사를 지낸 뒤 금을 땅에
묻게 했더니 그날로 대낮에 승천하였다. (⋯) 당시 사람들이 전하
기를 여덟 명의 공과 유안이 떠날 무렵에 남은 약탕기를 마당에 두
고 갔는데, 그 그릇을 핥고 쫀 닭과 개들까지 승천해 하늘에서 닭이
울고, 구름 속에서 개가 짖었다고 한다.

이런 기록 덕분에 유안은 지금까지도 난을 일으켰다 궁지에 몰려
자살한 역도가 아닌, 여덟 명의 공과 승천해 하늘에서 영원히 사는 신

인으로 기억된다. 땅에 묻혀 있건 닭과 개와 여덟 명의 공과 함께 하늘
에서 영원히 살건, 시조 내지는 원조 찾기를 좋아하는 중국인들에게
유안은 '두부의 시조'로 추앙받아왔다. 또 여덟 명의 공과 함께 우연히
두부를 만들었다는 초산은 아예 팔공산八公山으로 이름을 바꾸었고, 그
아래 기우촌祁圩村은 '중국 두부의 발상지'라는 명성을 얻고 있다. 두부
하나로 마을 전체가 먹고사는 셈이다.

주희의 두부장수 걱정

중국에서는 두부를 '숙유菽乳', '여기黎祁', '소재양小宰羊' 등으로 불렀다.
'숙유'는 곧 두유라는 뜻이고, 소재양 즉 새끼양은 아마도 맛이나 영
양가가 양 못지않다는 뜻일 것이다. 송나라 육유陸游가 「인곡隣曲」에서
"쟁반 닦아 국수 쌓아놓고, 솥 씻어 여기를 삶네"라고 적은 뒤 주를 달
아 "촉 사람들은 두부를 그렇게 부른다"고 설명한 것으로 보아 '여기'
는 촉의 방언이었던 듯하다.

　북송 때부터 전문적으로 음식, 차, 술을 파는 점포가 생겨나면서 번
화가가 형성되었는데, 각양각색의 음식 중 가장 싱거운 맛을 지녔을
두부도 버젓이 한 자리를 차지해 '두부방'이 우후죽순 생겨나면서 사
방에 고소한 냄새를 풍겼다. 주희의 「유수야의 소식 13시운劉秀野蔬食
十三詩韻」이라는 시를 보면 옛날에 두부장사는 제법 돈벌이가 되는 업

종이었던 것 같다.

　콩을 심었어도 올라온 새싹 드물어
　힘은 다 빠지고 속은 다 썩어들어가네.
　회남왕의 기술을 진작에 배웠다면
　앉아서 큰돈을 벌 수 있었을 것을.

　재밌는 사실은 막상 주희 자신은 두부를 먹지 않았다는 것인데 청
나라 사람 양장거가 지은 『귀전쇄기歸田瑣記』에 따르면 그 이유가 과연
주희답다.

　주자는 두부를 먹지 않았다. 처음 두부를 만들 때 콩 얼마, 물 얼마,
소금 얼마를 넣고 다 달아보면 무게 얼마가 나오는데, 완성된 뒤에
달아보면 원래 무게보다 더 나오기 일쑤였다. 그 이치를 궁구하였
으나 끝내 알아낼 길이 없었기에 아예 먹지 않았다.

　　　　온갖 기묘한 것들은 자고로
　　　　가난한 사람들이 만들어냈다네

두부는 자기주장이 강하지 않은 겸손한 식재료로서 타자와 조화를 이

루는 데 뛰어나 그 응용 가능성이 무궁무진하다. 역으로, 이렇게 밋밋한 재료로 사람의 혼을 쏙 빼놓을 수 있는 요리를 만들어낸다면 그야말로 대가 중의 대가일 것이다. 중국요리 이야기가 나오면 수없이 호출되는 인물인 소동파는 두부를 대상으로도 각종 요리를 구상해, 항주 지부로 재임하던 시기에 벗들을 불러다 친히 두부 요리를 해주곤 했다. 그의 두부 요리를 후세 사람들은 '동파두부'라고 부른다.

소식이 「두 조카와 왕랑이 화답해 보낸 시에 답하다答二猶子與王郎見和」 중에서 두부를 노래한 대목이다.

거위 오리 찐 다음 술 한 병 준비하고,
콩 삶아 두유 짜고 기름으로 두부 만들어
기름등잔 높이 사르고서 꿀 술을 따른다.
가난한 집에 물건이랄 게 어디 처음부터 있었으리?
온갖 기묘한 것들은 자고로 가난한 자들이 만들어냈나니,
이것저것 끌어다 합쳐서 천진天眞을 어지럽혔지.

'천진을 어지럽힌' 과정, 본연의 모습에 인위적인 재료를 섞어 색다르게 바꾼 과정에서 두부가 요리로 재탄생했다. 가난한 사람들이 갖추고 사는 게 뭐가 있겠는가? 집안 구석구석 뒤져 이것저것 끌어낸 다음, 그것들을 이렇게도 섞어보고 저렇게도 섞어보고, 그렇게 우연히

탄생하는 것이 요리 아니던가? 소동파가 이것저것 합쳐서 동파두부를 만들었듯이, 700년 뒤 중국의 서남쪽 성도 거리에선 또 한 명의 아낙이 '천진을 어지럽혀' 21세기 미각에도 자못 부합하는 요리, 마파두부를 탄생시켰다.

마파가 부린 신공, 사천의 맛이 되다

중국인들은 '4대 ○○'을 좋아한다. 중국을 대표하는 4대 요리도 있는데, 사람마다 꼽는 대상이 다르지만 어김없이 들어가는 것이 사천요리이고, 사천요리 하면 첫번째로 꼽는 게 마파두부다. 저렴한 값에 비해 과할 정도의 명성을 누리는 셈이다. 이렇듯 너무도 유명한 천채川菜, 즉 사천요리이기 때문에 당연히 유구한 역사를 지니고 있으리라 생각했다. 그러나 마파두부가 탄생한 것은 청나라 동치同治 연간 1861~1875이니, 이제 150살 정도 된 셈이다. 또한 이 요리를 발명한 사람이 마파, 즉 얼굴에 곰보 자국이 있는 아주머니였기 때문에 마파두부라는 이름이 붙었다. 고운 얼굴에 파인 상처를 평생 가지고 살았을 여인의 인생을 생각하면 기실 마음이 편치 않은 이름이다.

성도의 북쪽 교외 만복교萬福橋 다리 옆에 자리잡은 작은 식당, 그 식당은 그곳을 오가던 상인들과 노역자들의 허기를 달래주었다. 그곳에서는 음식 솜씨 좋은 부부가 늘 반갑게 가난한 행인들의 방문을 반겨

주었다. 언제부터인가 단골이 된 손님들은 가게 옆에 있는 정육점에서 고기를 사다가 아주머니에게 요리를 부탁하기 시작했는데, 부스러기 고기와 두부가 다인 이 단출한 요리로 주린 사람들의 배를 채워주기 위해, 아주머니는 갖은양념을 넣어 기름에 맛있게 볶았다. 이렇게 해서 탄생한 미시즈 진陳표 마파두부는 밥 한 공기 거뜬히 비울 수 있는 밥도둑 역할을 톡톡히 했다. 이 마파두부를 밥에 썩썩 비벼서 많은 이가 허기를 달랬을 것이다.

이처럼 마파두부는 탄생한 기원부터가 선량한, 아주머니의 고운 마음씨가 돋보이는 대표 서민 음식이다. 미시즈 진의 이 가게는 1909년 성도 통속보사通俗報社에서 출판한 『성도통람成都通覽』이라는 책에 '진 마파의 두부陳麻婆之豆腐'라는 이름으로, 성도를 대표하는 명품 식당 중 하나로 소개되었다. 이번에 가서 직접 보니 지금도 성도 시내에는 '진 마파'라는 간판을 단 마파두부 전문점이 곳곳에 보였는데, 너도나도 150년 전통을 지닌 노포임을 표방하고 있었다.

청나라 말의 시인 풍가길도 『성도죽지사成都竹枝詞』에서 「마파두부를 노래하다詠麻婆豆腐」라는 시를 지어 이 가게를 묘사한 바 있다.

곰보 아줌마 진씨는 아직도 이름이 전해지나니,
잽싸게 볶아낸 두부 맛이 천하일품이라네.
만복교 옆 주렴 안에 그림자가 움직이니,

봄 술 받아와 한바탕 취해보시길.

　주렴이 낮게 드리운 가게에 단골손님이 가득한데, 진 마파는 두부
에 다진 고기를 듬뿍 넣고, 다시 고추, 화초, 두반장, 후추 등을 넣어 센
불에 잽싸게 볶아낸다. 남편 진씨는 아내의 요리를 들고 가서, 술잔을
앞에 놓고 안주를 기다리던, 혹은 흰밥을 앞에 놓고 반찬을 기다리던
손님들 앞에 턱 내려놓는다.

　루쉰의 소설 「공을기」에서 주인공 공을기는 함형주점咸亨酒店을 찾
아 삐딱하게 턱을 고이고 앉아 회향두茴香豆에 술 한잔을 걸쳤다. 회향
두는 물에 불린 누에콩의 일종인 회향과 소금을 넣어 볶은 요리로, 땅
콩보다는 말랑하고, 그냥 콩보다는 씹히는 맛이 있는 주전부리다. 마
치 함형주점의 그런 풍경과 비슷하게, 진 마파 가게에선 고된 하루를
마치고 찾아온 인부들이 마파두부 한 접시를 앞에 놓고 사천의 맛난
술 검남춘劍南春을 마셨을 것이다. 마파두부의 맛처럼 후끈 달아올랐을
가게의 풍경이 눈앞에 어른거린다.

중화의 미덕이 담뿍 담기다

사천요리는 맵고 짜다고 알려져 있는데, 이 맛을 내는 데 큰 역할을 하
는 것이 바로 두반장이다. 우리네 곱디고운 고추장과 다른 점이 있다

면 두반장은 소금과 물, 잠두(누에콩)를 발효시켜 만들고, 고추 껍질이며 씨가 그대로 남아 있어 건더기가 많은 편이다. 이 장을 발명한 사람 역시 진씨였으니, 사천요리의 으뜸 공신은 누가 뭐래도 진씨 집안이다. 모든 장이 그렇듯 두반장도 햇볕으로 자연발효시켜야 함은 물론, 끊임없이 섞어주고 저어가며 짧게는 1년, 길게는 5년까지 숙성시켜야 한다. 이 정도 내공이 쌓여야 명품 요리의 기초를 단단히 잡아주는 고급 양념이 되는 것이다.

하지만 맵고 짜다는 말로는 마파두부가 내는 오묘함을 다 표현하지 못한다. 우선 그 매운맛은 혀를 때리는 듯 찌르는 듯 통점을 자극하는 매운맛이 아니라, 혀 전체를 얼얼하게 만들다가 거기에 더해진 알싸한 향이 이내 코를 뚫고 올라오는 공감각적인 매운맛이기 때문이다.

마파두부에 반드시 들어가는 재료라면 위에서 설명한 두반장 이외에 날초辣椒와 화초花椒가 있다. 우리나라 고추는 '고초苦椒', 중국 고추는 '날초辣椒'라고 하는데, 나라마다 고추의 특성이 다르듯이 중국의 날초와 우리나라의 고추 역시 명칭만큼이나 그 맛이 다르다. 두반장에 들어가는 날초는 작고 맵고 알싸해야 두반장 특유의 향과 맛을 담보할 수 있어, 중국에서도 사천성 고추를 으뜸으로 친다. 알싸한 맛을 돋우기 위해 첨가하는 화초花椒는 우리나라의 산초와 비슷해, 주로 고기의 잡내를 제거하고 향을 내기 위해 사용한다. 혀를 얼얼하게 하는 '마麻'한 맛과 향은 화초가 담당하고, 매운맛은 날초가 담당한다. 이

마트에서 파는 향신료 ⓒ이주해

곱게 빻은 고춧가루 ⓒ이주해

마라에 들어가는 여러 가지 재료 ⓒ이주해

'마라麻辣'가 마파두부를 한입 넣었을 때 처음 느끼는 맛이라면, 무미無味하나 고소한 두부는 이 강렬한 맛을 달래주는 중화제 역할을 한다. 그래서인지 향긋하고 맵싸하지만 짜거나 맵지 않은, 계속 먹어도 계속 들어가는 '중화中和'의 맛이 일품이다. 중국인이 최고의 덕목 중 하나로 꼽은 중화의 미덕이 마파두부에도 담겨 있다.

이주해 ♦ 이화여자대학교 한국문화연구원 연구교수

연세대학교 중어중문학과를 졸업하고 국립타이완대학에서 석사학위와 박사학위를 받았다. 전공은 중국 고전산문이다. 역서로 『한유문집』, 『파사집』(공역), 『육구연집』(공역) 등이 있다.

식사류 .... 飯·食事類

만두

◇◇◇◇◇◇◇◇◇◇◇◇◇◇◇◇◇◇◇◇

온 가족이 한데 모여 빚고 먹는 맛

밥과 함께 중국인의 대표적 주식 중 하나인 만두는 만두饅頭, 포자包子, 교자餃子, 소매燒賣, 혼돈餛飩 등 이름만큼이나 다양한 모양과 맛으로 천년 넘는 세월을 뛰어넘어 여전히 중국인들의 사랑을 받는 음식이다. 심지어 메뉴판 두께가 웬만한 책만큼 되는 만두 전문집이 성업중이며 명품 브랜드화에 성공한 백년 노포가 있을 정도다.

온 가족이 함께 만들어 먹는 명절음식

중국인들에게 가장 중요한 명절은 아무래도 음력 1월 1일, 춘절春節이다. 이날만큼은 집을 떠나 각자 다른 도시에서 바쁘게 일하던 가족들

도 고향으로 돌아온다. 그리고 오랜만에 모인 가족이 다 함께 둘러앉
아 만두를 빚기 시작한다. 조그맣게 한 덩어리씩 잘라놓은 밀가루 반
죽을 능숙하게 밀대로 밀어가며 동그란 피를 빚고, 돼지고기와 야채
를 섞은 소를 피로 감싸 예쁘게 주름을 잡아 반달 모양으로 만든다. 어
느새 얼굴과 손은 밀가루 범벅이 되어 우스꽝스러운 모습이 되기도
하지만 김이 모락모락 나는 갓 쪄낸 만두를 함께 먹으며 서로 안부를
묻고 까르르 웃고 떠들다보면 그동안 쌓였던 삶의 애환이 어느새 다
사라진다. 입안 가득 퍼지는 뜨겁고 달콤한 육즙과 적당히 씹히는
채소의 아삭한 식감은 따사로운 어머니 손맛이 기다리는 고향에 돌아
왔음을 깨닫게 해준다. 그래서 중국인들은 이런 명절 식사를 '온 가족
이 한데 모여 먹는 밥'이라는 뜻에
서 단원반團圓飯이라고 부른다.

중국인의 새해맞이를 소개하는
각종 다큐멘터리나 영상에 빠지
지 않고 등장하는 이 장면은 중국
인들이 삶에서 무엇을 중시하는지
잘 보여준다. 온 가족이 함께 만들
고 나누는 만두는 단순한 하나의
음식이 아니다. 가족과 함께하는
과정, 가족 간의 관계를 중시하는

중국식당에서 일반적으로
볼 수 있는 교자. 중국의 교자는
우리나라 만두에 비해 일반적으로
피가 두꺼운 편이다. ⓒ김수현

중국인의 삶과 전통 그 자체를 상징하는 솔푸드가 바로 만두다. 또한 굳이 명절이 아니더라도 가족이나 친한 지인이 멀리서 찾아왔을 때, 혹은 가까운 사람을 타지로 떠나보낼 때 집에서 정성어린 한 끼 식사를 대접하고자 한다면 중국인들은 자연스럽게 만두를 만든다. 그래서 해외 어디든 중국인이 모여 있는 곳이라면 누군가는 만두를 빚고, 중국인의 모임에는 어김없이 만두가 한자리를 차지하는 것이다.

가을과 겨울이 교차하는 입동이나, 한 해를 보내고 새해를 맞이하는 섣달 그믐날에 중국인들이 만두를 먹는 풍습은 이미 명대 문헌『작중지酌中志』에서 그 기록을 찾아볼 수 있고, 그런 풍습은 청대에 이르면 상당히 널리 퍼져 보편화된다. 그런데 왜 하필 만두였을까? 이는 중국어의 해음 현상과 관련 있다. 만두의 일종인 교자餃子는 해가 바뀌고 시가 교체된다更歲交子는 뜻의 교자交子와 발음이 같다. 지난해와 새해가 교체되는 첫 시간이 바로 자시子時, 오후 11시~오전 1시인데 이 자시가 교체된다는 뜻이니 자연스럽게 송구영신의 의미를 부여할 수 있었다.

또한 반달 모양의 만두는 원보元寶라는 화폐를 연상시켰기 때문에 새해에 돈 모양의 만두를 먹으며 재물운과 복을 기원했다는 해석도 있다. 뿐만 아니라 지역에 따라서는 만두 속에 길상吉祥을 상징하는 상징물을 넣고 복을 빌었다. 이를테면 동전을 넣은 만두를 먹으면 부자가 되고, 사탕을 넣은 만두를 먹으면 달콤한 삶이 이어진다는 것이다. 만두와 함께 먹는 부식에도 상징적인 의미를 부여했는데, 두부는 온

대만 귀금속 상점에서 판매중인 금으로 만든 원보. 원래 원보는 금이나 은으로 만든 옛
날 화폐를 말한다. 지금도 이 형상대로 만든 금덩어리나 은덩어리가 초재진보招財進寶
로, 재운을 불러들인다 하여 중국인들의 사랑을 받고 있다.

가족의 평안을, 곶감은 만사형통을 상징했다.

이렇게 만두는 이름부터 모양, 덧붙여 먹는 부식까지 가족의 평안
과 부귀를 기원하는 소원을 담아내기에 적합해서 남녀노소 온 가족이
함께 만들고 먹는 행위와 과정을 통해 '여러 세대가 화목하게 공존하
는 가정'이라는 중국인의 전통적 가치를 새기기에 가장 적합한 음식
이었다.

소가 들었거나 없거나, 터졌거나 막혔거나

만두를 만드는 밀가루의 원료가 되는 밀은 서아시아가 원산지로, 약 4500년에서 5000년경 중국으로 전해져 황하 유역에서 자라기 시작했다. 밀은 중국 기후에 적응하는 과정을 거치느라 처음에는 생산량이 많지 않았고, 찌거나 삶아서 밀밥 형태로 섭취했는데 쌀처럼 소화가 잘 되지 않아 널리 환영받지는 못했다. 그러나 한대 이후 실크로드를 통해 서역으로부터 밀을 가루로 가공하는 방식이 전해지고 밀가루를 이용한 병餠, 국수, 만두 등의 요리가 보편화되면서 밀 생산량이 점차 증가했다.

만두는 특히 인류가 증기를 사용해 쪄서 먹기 시작한 최초의 밀가루 음식으로 알려져 있다. 우리나라에서는 만두라고 통칭하지만 중국에서는 그 모양과 재료, 조리 방법은 물론이고 지역에 따라 명칭이 매우 다양하다. 일단 소가 든 것과 들지 않은 것으로 나눌 수 있는데, 소를 넣지 않은 것이 만두, 소가 든 것이 포자와 교자다.

대만의 아침 식당에서 쉽게 볼 수 있는 만두. 북방 지역의 만두는 식감이 다소 거칠고, 남방 지역의 만두는 부드럽고 쫄깃쫄깃하다. ⓒ송진영

중국에서 현재 만두라고 부르는 것은 사실 밀가루를 반죽

해 숙성시켜 쪄서 먹는 찐빵으로 소가 들어 있지 않은데, 지역에 따라서는 막饃, 막막饃饃, 증막蒸饃으로 불리기도 한다. 중국어로는 각기 모, 모모, 정모라 발음한다. 이 찐빵은 모양이 네모난 것도 있고, 둥그런 것도 있고, 가늘고 긴 반죽을 둘둘 말아서 꽃처럼 만든 것도 있다. 중국 북방 지역에서 즐겨 먹는 만두는 입자가 거칠고, 남방에서 먹는 만두는 훨씬 부드럽고 쫄깃쫄깃한 편이다. 또한 꽃처럼 생긴 화권花捲은 만두보다 소금을 넣어 약간 짭짤한 맛이 나는 게 특징인데, 우리나라 중화요리 식당에서 인기 있는 메뉴인 고추잡채에 함께 나오는 꽃빵이 바로 그것이다. 이 꽃빵 중에는 밀가루로만 만든 것도 있고 다른 곡물이나 양념을 묻혀 돌돌 말아서 찐 것도 있다. 이런 찐빵들은 소가 없기 때문에 다른 요리, 이를테면 고기나 채소볶음 요리와 함께 먹으면 훌륭한 한 끼 식사가 된다. 건설 현장에서 일하는 노동자들이 간단히 먹는 도시락에는 볶음 요리 위에 으레 이 만두 하나가 놓여 있고, 중국의 아침 식당 메뉴에는 마치 햄버거처럼 찐빵 가운데를 갈라서 그 사이에 고기와 채소볶음을 끼워넣은 것도 있다. 밥처럼 다른 요리와

대만의 한 유명 식당에서 파는 할포割包. 만두 사이에 고기와 채소볶음을 끼워넣은 중국식 햄버거인데, 콩국과 함께 먹으면 한 끼 식사로 충분하다. ©송진영

새우 소매.
소매는 꽃모양으로
위가 터져 있다. ⓒ 송진영

함께 먹는 주식의 기능을 충실히 수행하고 있는 셈이다.

포자는 우리나라 사람들이 왕만두라고 부르는 것으로 둥그런 모양을 한 만두이고, 반달 모양의 만두는 교자라고 한다. 일반적으로 포자는 교자보다 크며 증기로 찌고, 교자는 물에 끓여 익힌다. 또한 포자나 교자는 속에 어떤 재료가 들었고 어떻게 조리했는지에 따라 이름이 달라진다. 고기가 든 포자는 육포肉包, 채소가 든 포자는 소포蔬包, 고기즙이 든 것은 탕포湯包, 물에 끓인 물만두는 수교水餃, 증기로 쪄낸 교자는 증교蒸餃, 기름에 지진 교자는 전교煎餃 등으로 불린다. 우리나라의 군만두에 해당하는 것으로는 교자를 구운 듯한 과첩鍋貼과 포자를 구워놓은 듯한 생전포生煎包가 있다. 그런데 과첩은 대체로 교자처럼 속을 감싼 것이 아니라 옆이 터져 있고 익히지 않은 교자를, 하나씩 굽지 않고 일렬로 붙여서 한꺼번에 구워낸다. 그래서 접시에 담아놓으면 만두가 모두 연결되어 있다. 생전포는 기름 두른 팬에 포자를 넣고 물을 살짝 뿌려 뚜껑을 덮고 지져낸 것인데, 익히지 않은 생포자를 직접 넣기도 하고 삶아 익힌 포자를 지지기도 한다. 그러면 위는 찐만두처럼 촉촉하고 바닥은 군만두처럼

우리나라 군만두에 해당하는 과첩.
중국 북방 지역의 과첩은 대개 양옆이 터져 있다. ⓒ 송진영

생전포는 포자를 기름에 지진 것으로
위는 찐만두, 바닥은 군만두 맛이 난다. ⓒ 송진영

바삭해진다.

그 외에도 교자보다 얇게 반죽한 피에 손톱만큼 작은 소를 넣어 탕과 함께 끓여먹는 혼돈餛飩, 속을 보이지 않게 감싼 것이 아니라 꽃모양처럼 만들어 살짝 열어놓은 소매燒賣도 있다. 뜨거운 돼지고기 육즙이 가득한 소롱포小籠包, 돼지고기나 닭고기, 부추 등 소를 넣고 둥글게 말아 기름에 튀긴 춘권春卷도 모두 남방에서 즐겨 먹는 만두의 일종이다.

사람 머리 대신 바친 달콤한 육즙

이처럼 다양한 모습과 이름으로 중국 전 지역에서 사랑받는 만두는 언제 어떻게 만들어졌을까? 고고학적으로는 산동 등주滕州 지역에서 출토된 춘추시대 청동기에서 지금 먹는 혼돈의 원형이라고 추정할 만한 모습이 발견되었고, 투루판의 묘지에서는 당대의 것으로 보이는 혼돈과 교자가 발굴된 바 있다. 그러나 그보다 주목해야 할 것은 만두와 교자의 유래를 설명해주는 기원 고사다.

송나라 고승高承이 지은『사물기원·주례음식·만두事物紀原·酒醴飮食·饅頭』에는 제갈량이 미신과 사술이 횡행하는 남만 땅에서 사람 머리 대신 사람 머리처럼 생긴 만두를 만들어 제사지냈다는 기록이 전한다. 또한 원말명초의 소설『삼국연의』에서는 호시탐탐 중원을 위협하던 남만의 우두머리 맹획을 복종시키기 위해 제갈량이 그를 일곱 번 사로잡았다가 일곱 번 풀어주었다는 이야기 뒤에 만두의 발명과 관련된 생생한 묘사가 이어진다. 제갈량이 남만을 평정하고 맹획과 남만인들의 마음을 얻은 후, 회군하는 길에 노수라는 강물을 만났는데 갑자기 광풍이 불고 물살이 거세지고 파도가 높아져 도저히 건널 수 없었다. 그래서 그곳 사정을 잘 아는 맹획에게 물었더니 마흔아홉 개의 사람 머리와 검은 소, 흰 양으로 제사를 지내야 한다고 대답하는 것이었다. 그러자 제갈량 군대와의 전투에서도 살아남았던 남만인들은 죽음을 예감하고 슬퍼하기 시작했다. 그 상황에서 제갈량이 자신의 부하를 제물로 삼을 리 없으니 남만인들이 희생 제물이 될 것이 자명했기 때문이다. 그런데 제갈량은 사람을 죽여 그 머리로 제사지내기를 거부하고 부하들에게 밀가루를 반죽해 그 피로 양고기, 돼지고기를 감싸서 마치 사람 머리처럼 만들어 제사를 지내게 했다. 그랬더니 파도가 잦아들어 무사히 강을 건널 수 있었다는 것이다.

물론 제갈량이 맹획을 칠종칠금七縱七擒했다거나 만두를 발명했다는 이야기는 모두 역사적 사실이기보다는 제갈량의 지혜와 전략을 극대화하기 위해 만들어낸 허구일 가능성이 크다. 하지만 이 이야기는 만두에 관련된 중요한 단서를 제공한다는 점에서 주목할 만하다.

첫째, 만두라는 명칭이 원래 '오랑캐 머리'라는 뜻의 만두蠻頭, 사람 머리로 속였다는 뜻의 만두瞞頭에서 음식을 뜻하는 만두饅頭로 변모해왔음을 짐작할 수 있다. 또한 처음에는 고기와 채소 등을 버무린 소가 있었다는 점이다. 초기에는 소가 있는 것이나 없는 것이나 모두 만두라고 부르다가 점차 소가 있는 것을 포자라고 부르는 일이 많아졌다. 그러면서 북방에서는 소가 없는 것을 만두, 소가 있는 것을 포자로 구분했고, 남방에서는 소의 유무와 상관없이 모두 만두라고 불렀다. 유명한 상해 만두 가게 남상만두南翔饅頭가 여전히 만두라는 상호를 달고 소가 있는 포자와 교자를 다 팔고 있다는 데서도 이를 알 수 있다.

둘째, 만두의 탄생 배경에 인간과 생명을 존중하는 정신이 담겨 있다. 남만 현지 사람들은 사람을 죽여 그 머리를 제물로 바쳐 신의 분노를 잠재웠지만 제갈량은 가짜 사람 머리, 즉 만두를 만들어 누구의 생명도 희생시키지 않았다. 제갈량으로 상징되는 중원의 이성적 인문문화가 남만의 야만적 인신제사를 대체한 것이라고 해석하는 것도 가능하겠지만, 남만인의 생명이나 중원인의 생명을 똑같이 소중하게 여긴 생명존중과 애민정신에 주목할 필요가 있다.

셋째, 만두는 신의 노여움을 잠재울 만큼 맛있었다. 과연 강물의 신은 사람의 머리와 밀가루 머리를 구별하지 못했을까? 어쩌면 사람 머리 모양을 한 만두의 황홀한 맛이 신의 분노를 가라앉힌 것은 아닐까? 입안에 퍼지는 달콤한 육즙의 맛에 신조차 고개를 끄덕이며 제갈량의 군대를 통과시켜주었으니 사람들이 만두를 얼마나 맛보고 싶어했을지는 두말할 필요가 없을 것이다.

특히 백성을 사랑하는 애민의 마음은 만두의 또다른 이름인 교자에도 담겨 있다. 동한 말 남양南陽에 장중경이라는 의사가 있었다. 전쟁이 횡행하고 난방법이 발달하지 않았던 당시, 겨울이면 수많은 사람이 병들어갔다. 부패한 관직 생활에 실망해 고향으로 돌아온 장중경은 굶주림과 추위로 고생하는 많은 가난한 사람, 특히 귀에 동상이 걸려 고통받는 사람들을 목도한다. 그래서 그들을 치료하기 위해 성문밖에 장막을 치고 봉사활동을 시작했다. 양고기와 고추, 추위를 이기게 해주는 약재를 넣어 거한교이탕祛寒嬌耳湯을 끓이고 양고기 버무린 것 등을 밀가루 피로 감싸서 사람 귀처럼 생긴 교이嬌耳를 만들어 귀에 동상이 걸린 사람들에게 먹였다. 그러자 사람들의 몸에서 열이 나면서 동상으로 문드러진 두 귀가 따뜻해지고 부드럽게 변했다. 이때부터 사람들은 귀 모양을 한 이 음식을 교이, 교자餃子라고 불렀다는 것이다.

장중경의 이야기 역시 첫번째 제갈량의 이야기와 비슷하다. 교자는 가난하고 병든 사람들을 애달프게 여기고 그들을 치료하고자 했던 고귀한 마음이 담긴 음식이며, 병을 고칠 정도로 영양학적으로도 뛰어난 음식이었다는 것이다. 맛있고 영양이 풍부한 것만으로도 훌륭한데 거기에 사람을 향한 따뜻한 마음, 생명을 귀히 여기고 백성을 아끼는 마음까지 담겼다면 누구라도 그 음식을 사랑할 수밖에 없지 않겠는가?

천년의 주식은 무한 변신중

만두는 밀의 주생산지였던 북방 지역에서 탄생해 남방을 비롯한 중국 전역에서 오랫동안 전승되었다. 그것이 가능했던 가장 큰 이유는 만두 자체가 탄수화물, 단백질, 지방과 비타민 등 각종 영양소가 골고루 포함된 꽤나 훌륭한 음식이기 때문일 것이다.

게다가 만두는 기호에 따라 안에 넣는 소를 바꿀 수 있고 찌거나 굽는 등 다양한 조리 방식으로 각기 다른 맛을 구현할 수 있다는 장점이 있다. 안에 넣는 고기도 양고기, 돼지고기, 소고기 등으로 다양하며, 야채도 부추, 배추, 고추, 호박 등 여러 가지를 무한히 조합할 수 있다. 이렇게 시대와 지역에 따라 변화하는 입맛을 만족시키고 서로 다른 재료를 사용해 무궁무진한 맛을 창조해낼 수 있으니 천년 넘는 세월 동안 수많은 종류의 만두를 만들어낼 수 있었던 것이다. 그러니 중국의 만두 전문집 메뉴판이 책처럼 두꺼운 것도 놀랄 일이 아니다.

잡곡 중심의 농사를 지었던 추운 북방에서는 따뜻하게 찐 만두와 포자가 주식으로서 한 끼 식사를 책임졌다면, 따뜻한 기후와 풍부한 강수량 덕분에 식자재가 풍족한 남방에서는 쌀밥을 주식으로 삼고 혼돈이나 소매, 소룡포 등 좀더 작고 섬세한 맛의 만두를 즐겼다. 계층적으로도 만두는 서민은 물론이고 귀족과 황실 사람까지 누구나 좋아하는 음식이었다. 고대 중국소설이나 각종 문헌에서 다양한 계층이 만두를 즐기는 모습을 찾아볼 수 있다.

송원화본宋元話本 「쾌취이
취련기快嘴李翠蓮記」에서 여주
인공 이취련은 시집가서 집
안 살림을 제대로 할 수 있을
지 걱정하는 부모님 앞에서
자신이 만들 수 있는 음식을
나열하며 소매나 편식偏食 같
은 만두를 언급한다. 만두류가

민어살로 만든 피에 야채, 버섯,
고기 소를 넣은 어만두 ⓒ 송진영

일상의 음식으로 민간에 깊숙이 들어와 있음이 확인된다. 뿐만 아니
라 『동경몽화록』 권9에 기록된 송대 황제의 생신연에는 교자의 일종
인 쌍하타봉각자雙下駝峰角子가 언급되어 있다. 이는 두 손을 사용해 흘
리지 않게 먹는, 육즙이 든 포자를 가리킨다. 『홍루몽』에는 귀족들을
위해 두부피로 만든 포자가 등장한다. 만두가 단순히 허기를 채워주
는 주식의 기능을 넘어 늘 새로운 맛을 추구하는 귀족의 수요를 충족
시켜주는 고급 음식이 된 것이다. 우리나라에서 조선시대 궁중과 양
반의 밥상에 오른 어만두도 바로 그런 고급 음식이었다. 포를 뜬 생선
살 피에 소를 넣은 어만두는 특별한 날 먹던 귀한 요리였다.

　재료와 기호에 따라 무한 변신이 가능한 만두는 글로벌 시대에도
매력을 발휘하며 전 세계인의 입맛을 공략하고 있다. 두꺼운 만두피
에 고기를 넉넉히 넣어 육즙이 많은 중국식 만두, 얇은 만두피에 고기

『홍루몽』 8회에 등장하는 두부피 포자 ⓒ 송진영

와 야채를 고루 넣은 한국식 만두, 혼돈과 딤섬 위주의 동남아식 만두 등 지역별, 국가별로 선호하는 만두의 종류도 다양하니 개발의 여지는 충분하다. 한국 만두 시장만 보아도 잡채호떡만두, 갈비만두, 피자만두 등 다양한 상품이 계속해서 출시되고 있다. 앞으로 만두의 맛과 모양이 얼마나 다채롭게 변신할지 기대된다.

송진영 ◆ 수원대학교 중어중문학과 교수

이화여자대학교 중어중문학과를 졸업하고 같은 대학원에서 석사학위, 베이징대학에서 박사학위를 취득했다. 하버드대학 페어뱅크 동아시아연구소 박사후연구원을 거쳐 수원대학교 중어중문학과 교수로 재직중이다. 중국 고전문학 및 중국문화와 예술에 관해 가르치고 주로 명청대 세정소설을 비롯한 중국 통속소설을 연구하고 있다. 최근에는 중국 상고소설과 중국인의 사후세계관에 관심을 갖고 관련 연구를 진행중이다. 주요 저서로『명청세정소설연구』『동양의 고전을 읽는다』(공저)『동아시아 문학 속 상인 형상』(공저) 등이 있다.

호떡

바삭하고 고소한 오랑캐 떡의 여행

이 호떡은 장안의 것처럼 생겨서

갓 구워낸 것이 바삭바삭 반지르르하네.

식탐 많은 양만주楊萬州에게 보내노니

장안 보흥방의 호떡과 비슷한지 맛보시게.

지금으로부터 1200여 년 전, 당나라 시인이자 정치가인 백거이는 정치판에서 실각해 변방으로 좌천되었다. 온갖 물산이 풍부하고 화려한 장안長安, 지금의 섬서성 서안에서 지내던 그에게 물설고 말 선 변방에서의 삶은 을씨년스러웠다. 그러던 어느 날 우연히 맛있는 호떡을 발견한다. 장안의 궁궐 옆 보흥방輔興坊에서 팔던 것과 똑같은, 고소한 기름

냄새 솔솔 풍기는 바삭한 그 호떡은 단번에 백거이의 피폐해진 영혼을 위로해주었다. 그는 친구 양만주에게 이 호떡을 보내며 함께 장안으로 돌아갈 날을 꿈꾸기도 했다.

　이처럼 호떡은 한 인간에게 위안을 준 음식이자 당나라의 수도였던 장안을 대표하는 맛이었다. 그것은 오랑캐라고 지칭되던, 중국 서북쪽 유목민으로부터 전래된 음식이었기에 '오랑캐 호胡', '떡 병餠'을 써서 '호병胡餠, 후빙'이란 이름으로 표기되었다.

오랑캐의 음식에서 중원의 음식으로

본래 병餠은 곡물 가루로 반죽해 발효시키지 않고 화덕에 구운 음식이다. 우리가 익히 알고 있는 쫄깃한 한국식 전통 떡과는 좀 다른 병의 발원지는 중앙아시아 지역으로 추정된다. 아마도 최초의 병은 성경에 등장하는 '오병이어'의 병, 즉 화덕에 구운 무교병無酵餠인 오그쓰ogth 와도 유사했을 듯하다. 무교병은 유대민족이 유월절에 먹는 발효되지 않은 구운 떡이다.

　중국 한나라 무렵, '병'은 중원으

무교병

로 들어온다. 당시 황제인 영제靈帝가 겉면에 깨를 뿌린 커다란 호병, 즉 참깨호떡의 탐식가였음이 역사문헌에 기록될 정도로 호떡은 중원에서 애호받기 시작한다. 이후 호떡은 개방적이고 융합적인 당나라 문화의 거대한 조류 속에서 중원의 음식으로 편입되며 당나라 수도 장안의 가장 대중적이고 인기 있는 음식이 되었다.

당시 세태를 담은 소설 「임씨전任氏傳」에는 장안의 승평리升平里 입구에서 새벽에 호떡을 구워 파는 가게에 대한 언급이 있고, 「규염객전虬髯客傳」에는 갓 만든 호떡을 사온 다음 휴대한 칼로 고기를 잘라 호떡에 싸서 먹는 장면이 서술되어 있다. 이로 볼 때, 호떡은 당나라 사람들에게 친근하고도 손쉽게 구할 수 있는 음식이었다.

앞서 백거이 또한 궁궐 옆에 위치한 보흥방 모퉁이에서 친구와 함께 호떡으로 요기를 한 것으로 보아 호떡은 빠른 시간에 끼니를 대신할 수도 있는, 매우 보편적인 음식이었음을 알 수 있다.

당나라 때는 호떡과 같은 병 종류의 음식이 조리법에 따라 다시 여러 종류의 음식으로 발전했다. 기름에 지진 것은 전병煎餅, 지앤빙, 쪄낸 것은 증병蒸餅, 정빙, 튀겨낸 것은 유병油餅, 유빙, 화덕에 구워낸 것은 소병燒餅, 샤오빙, 뜨거운 국물과 같이 끓여낸 것은 탕병湯餅, 탕빙이라고 불렀다. 그 가운데 탕병은 그 당시 생일날 먹던 음식으로 지금의 수제비, 떡국의 원류에 해당한다. 담백하게 구워낸 소병을 잘게 뜯어 소고기나 양고기 국물에 띄워 먹는 탕병을 '파오모泡饃'라고 불렀는데, 마치

길거리 화로에서 구워낸 호떡. 현재 중국에서도 흔히 볼 수 있는 모습이다. ⓒ 이주해

우즈베키스탄의 호떡 가게. 서역 지역에서는 이것을 주식으로 삼는다. ⓒ 송정화

서안 회족回族 거리의 호떡. 서안에서는 현재도 전통 방식의 호떡을 먹는다. ⓒ 장세정

서양에서 수프에 크루통을 올린 것
과 유사하다.

중국 서안 지역의 호떡과
양고기. 서안에서는 양고기를
호떡에 곁들여 먹는다. ⓒ 최진아

  당나라 이후로도 호떡은 줄곧 일
상의 먹거리로 존재해왔다. 송나라
의 시장 풍경을 묘사한 『동경몽화
록』에서는 유병 가게油餅店와 호병
가게胡餅店를 언급했다. 유병 가게에
서는 증병과 달콤한 소가 든 당병糖
餅을 팔고, 호병 가게에서는 문유門
油라고 불리는 겉면에만 기름을 바른 호떡과 만마滿麻라는 이름의 깨
를 뿌린 고소하고 바삭거리는 호떡 등을 팔았다고 한다. 동시대 사람
인 소동파는 "푸른 기름에 지져내니 야들야들 진한 황색"이라고 호떡
을 노래했으며, 청나라 포송령은 「전병부煎餅賦」라는 작품에서 기름에
지진 호떡을 "달처럼 둥근 모양, 종잇장처럼 얄팍하며, 누런 학의 깃털
같은 색깔"이라고 읊었다. 원매 또한 개인적으로 좋아한 음식의 조리
법을 기록한 『수원식단隨園食單』에서, 화덕에 구워낸 호떡인 소병에 대
해 "잣이나 호두를 잘게 부숴 설탕과 돼지기름을 섞어 굽고 위에 깨를
뿌린다"고 설명했다.

서안 지역의 양고기 파오모. 끓는 양고기나 소고기 국물에
잘게 뜯어낸 병을 띄워 먹는 탕병의 형태다. ⓒ김규호

서양의 크루통 수프. 고기 국물에
빵조각을 잘게 뜯어 올려 먹는 방식이
탕병과 비슷하다. ⓒ송진영

조선의 길거리 간식

그렇다면 중국의 호떡은 언제 우리나라에 전래되었을까? 호떡은 본
래 쉽게 휴대하고 보관할 수 있게 만들어진 유목민족의 음식이다. 그
러므로 쌀농사를 지어온 우리나라에서 호떡은 보편적인 음식이 아
니었다. 『조선왕조실록』의 「태종실록」 34권에는 참새고기 전병이 등
장하고 「세종실록」 15권에는 유백병油白餠이라는 명칭이 나오는데 이
들 병이 중국의 것과 유사한 성질의 호떡인지 혹은 쌀로 만든 우리나
라식 떡을 한자어로 표기한 것인지는 알 수 없다. 다만 구절판에서 여
러 재료를 싸 먹는 얇고 투명한 부침개를 밀전병이라 하고, 얇게 부친
메밀가루에 김치와 고기 소를 싼, 산간 지대 서민의 음식을 메밀전병
이라고 칭했다. 이런 음식이 호떡이나 전병과 꽤 비슷했을 수도 있다.
그러나 그것은 쌀농사 위주의 문화에서 발생한 우리 고유의 전통적인
주식은 아니었을 것이다.

　그 예로 고려 말, 조선 초의 중국어 교육서인 『박통사朴通事』에는 원
나라 수도에서 파는 이국의 음식 가운데 참깨를 뿌린 호떡과 전병 등
이 가게에 진열되어 있다고 언급돼 있다. 또 조선 선비들이 잡다한 지
식을 얻고자 즐겨 본 『거가필용사류居家必用事類』에 의하면 호떡, 전병
등은 우리나라 음식이 아닌, 중동풍 음식인 '회회식품回回食品'류로 분
류되어 있다. 이 책에서는 밀가루에 기름 등을 넣고 반죽한 것을 밀대
로 밀어 편 다음 번철에 구워먹는 음식을 '소병'이라고 기재했다. 그리

고 이 음식을 쌀로 된 주식이 아닌, 밀가루 재료로 만든 음식을 나열한 '종식품從食品'으로 분류하고 있다.

세월이 흘러 조선 후기에 임오군란이 발생하자 청나라 군대가 조선 땅에 들어오고, 이어서 중국 이주민이 조선에서 상업 활동을 할 수 있다고 명시한 조청상민수륙무역장정이 체결되었다. 그 결과 인천항을 통해 주로 산동성 출신의 중국 이주민이 대거 유입되었다. 초창기 중국 이주민들은 소규모 점포, 혹은 노점 형태의 호떡집을 운영했다. 힘든 시절 호떡은 조선 사람들에게 값싸고도 간단한 먹거리를 제공했고 이에 빠른 속도로 대중화되기에 이른다. 하지만 조선 사람들은 중국 이주민, 즉 화교를 외래의 침략자로 바라보며 이들에게 반감을 지니고 있었다. 이러한 감정은 종종 '호떡집에 불났다'라는 한마디 말로 설명되는, 화교 점포 방화 사건으로 이어졌다. 그후 한국전쟁을 거쳐 미국으로부터 원조받은 풍부한 밀가루와 설탕, 그리고 기름은 화교들이 전파한 호떡에 또 한번의 변화를 일으킨다. 화덕에서 구워낸, 발효되지 않은 중국식 호떡이 발효를 거쳐 푹신하고 달콤하며 기름진 한국식 간식으로 재탄생한 것이다. 길거리 간식 호떡에 숨겨진 조선 말 개항기와 한국전쟁의 슬픈 이야기다.

당나라의 호떡과 전병, 일본의 센베이

다시 당나라 호떡 이야기로 돌아가보자. 당나라 수도 장안에는 동아시아 각국에서 건너온 유학생, 승려, 무역상 등이 거주했고, 신라와 발해, 일본, 베트남 등지에서는 견당사遺唐使라는 사절을 당나라로 보내 당나라의 고급문화를 본국으로 들여오는 일을 담당하게 했다. 일본의 승려 구카이空海, 774~835 법사는 당나라 황실 잔치에 초대받아 갔는데, 잔칫상에 올라온 갖가지 종류의 정교한 호떡을 경이롭고 황홀한 기분으로 맛보았다. 구카이는 그중에서도 특히 담백한 맛의 전병에 깊은 인상을 받았다고 한다. 아마도 구카이와 같은 승려들에 의해 전병을 포함한 당나라의 각종 병이 일본으로 전파되었으리라 추측한다.

또한 당나라의 증병, 유병, 소병, 탕병 등도 일본으로 자연스럽게 전해졌는데, 그것들은 일본에서 당과자唐菓子라고 불리며 황실에서만 먹을 수 있는 특별한 음식이 되었다. 나라시대의 음식 이름을 기록한 『와묘쇼和名抄』에서는 밀가루 반죽을 기름에 지져낸 것을 이리모치煎り餠, 혹은 센베이煎餠로 부른다고 했으며 도요토미 히데요시가 참석한 차 모임에 센베이가 있었다는 기록 등을 볼 때, 당나라의 호떡 등이 일본에서는 전병을 중심으로 정착되어 모찌, 혹은 센베이라 불리는 고급 간식이 되었음을 알 수 있다. 일본의 센베이는 상층에서만 즐기는 음식이었으나 에도 시기에 들어서면서 거북이 등 모양을 한 납작한 모양의 바삭거리는 과자로 바뀐다. 지금의 형태와 유사한 일본의 센

파래 가루 등으로
맛을 낸 현재 일본의
센베이 ⓒ 김규호

베이는 메이지시대의 산물이다. 일본의 센베이는 당나라의 호떡인 전병과 이름은 같으나 이미 일본문화 안에서 변용돼 일본식 과자 센베이라는 새로운 음식으로 재탄생했다고 할 수 있다.

현재 일본에서는 서양식 미각을 대표하는 버터를 주재료로 한 버터맛 센베이가 인기를 끌고 있다. 그뿐 아니라, 나가사키 지역에는 화교들의 음식인 짬뽕의 향미를 기본으로 하는 짬뽕 센베이가 존재한다. 이 같은 변용 과정에서 음식이 다양한 미각과의 융합을 통해 계속 재탄생하는 것을 확인할 수 있다.

호떡은 아직도 전파중

오랑캐의 호떡은 그 발원지에서부터 먼 여정을 달려왔다. 유목민족의 휴대 간편한 식량이 중원의 먹거리가 되었으며, 슬픈 역사를 통해 우리에게 친근한 길거리 간식으로 다가왔다. 또한 특권계층의 화려한 당과자에서 일본의 국민과자 센베이로 변화하며 서양음식인 버터의 맛을 빌려오거나 중국음식인 짬뽕과 섞이는 모습으로 나타나기도 했다.

얼마 전, 텔레비전의 인기 프로그램에서 재미난 장면을 방영하는 것을 보았다. 그것은 유럽 사람을 대상으로 차린 식당에서 우리나라 길거리 간식인 호떡이 등장하는 장면이었다. 그 식당에서는 막 구워낸 호떡 위에 차가운 아이스크림을 토핑으로 얹어 디저트로 내놓았는데 새롭

중국 길거리에서 흔히 볼 수 있는 현재의 전병 ⓒ 이주해

고도 신기한 호떡의 맛에 유럽 사람들은 경탄을 금치 못했다. 이는 바로 오랑캐의 호떡이 지닌 긴 생명력과 지치지 않는 미각의 융합을 증명하는 것이리라. 그래서 호떡은 지금도 전파의 여정 속에 있는 것이다.

최진아 ◆ 부산대학교 중어중문학과 교수
이화여자대학교 중어중문학과를 졸업하고 연세대학교에서 문학박사학위를 취득했다. 이후 중국사회과학원 문학연구소와 스탠퍼드대학 아시아태평양센터APARC 방문학자를 거쳐 현재 부산대학교 중어중문학과에 몸담고 있다. 최근에는 뉴미디어 시대의 동아시아 고전이 새로운 콘텐츠로 활용되는 모습에 흥미를 느껴 관련 주제를 탐색하고 있다. 대표 저서로 한국학자의 시각으로 중국 고전소설을 고찰한 『환상幻想, 성별性別, 문화文化: 한국 학자의 시각으로 본 중국고전소설韓國學者眼中的中國古典小說』을 썼으며, 역주서로 당나라의 환상 서사를 분석한 『전기傳奇: 초월과 환상, 서른한 편의 기이한 이야기』가 있다.

양주볶음밥

금가루를 뿌린 듯 포슬포슬

"바람이 머물다 간 들판에 모락모락 피어나는 저녁연기……"

밥을 생각하면 구체적인 맛보다 밥 지을 때 나오는 뜨거운 김이 먼저 마음속에 피어오르는 것 같다. 어렸을 적에 즐겨 부르던 동요, 〈노을〉의 노랫말을 떠올려봐도 그렇다. 어스름녘 누런 들판 위로 퍼져가는 뽀얀 저녁연기에는 아마도 뉘 집 부엌에서 피어오르는 밥 짓는 내음, 뜸들이며 올라오는 호화된 밥알들의 향훈이 스며 있었을 것이다. 저녁 먹으라고 외쳐 부르는 어머니의 목소리보다 한발 먼저 다가와 시장해진 아이들의 코와 위장을 자극하는 맛있는 냄새. 쌀과 문명의 관계를 추적했던 지리학자 피에르 구루의 표현을 빌리자면 "미래의 식사를 떠올리게 하는 후각적 즐거움" 같은 것.

하얀 김이 모락모락 피어오르는 따끈한 쌀밥보다 맛있는 것이 세상에 또 있을까? 기름 한 방울에 소금 한 톨만 얹어도 그보다 맛있는 먹을거리는 다시 찾기 어렵다. 어디 그뿐인가! 곡기를 끊고 신선이 되었다는 이야기가 제아무리 수두룩해도, 탄수화물 없이는 옴짝달싹 않는 대뇌의 움직임을 생각하면, 우리의 정신을 살찌우는 연료는 역시 쌀이 아닐 수 없다. 중국은 우리나라와 마찬가지로 쌀이 주식인 국가다. "북쪽 지역에서는 밀가루를 주식으로 삼고, 남쪽 지역에서는 쌀을 주식으로 삼는다北麵南米"는 말이 있지만, 실제로 중국 친구들에게 물어보면 어림없는 소리다. 광대한 중원에서도 동서남북을 막론하고 밥 중의 밥은 쌀로 짓는다. 문헌에 기록된 최초의 왕조 하나라 때부터 중국 사람들은 '쌀밥'을 먹었다.

쌀과 함께

'이밥에 고깃국'보다 더 매혹적인 조합이 또 있을까? 포르르 김이 피어오르고 뽀얀 밥알엔 자르르 윤기가 흐르는 쌀밥과 뜨끈하고 간간한 고깃국만큼 사람을 배고프게 만드는 음식은 찾아보기 힘들다. 이보다 더 차지고 입에 딱 맞는 조합은 드물 것이다. 그래서 중국의 이름난 쌀 요리에는 모두 지방과 소금이 들어간다. 가장 먼저 들 수 있는 것이 분증육粉蒸肉이다. 분증육은 황주에 소금, 간장, 설탕과 생강, 쪽파, 오향과 발효두부 즙까지 섞은 양념으로 잘 버무린 삼겹살을, 곱게 볶아낸 찹쌀가루와 버무려 함께 쪄낸 강남 요리다. 입안 가득 퍼지는 돼지고기와 찹쌀의 맛에 행복해지는 가흥종자嘉興粽子도 있다. 종자는 야자나 갈댓잎에 싼 찹쌀을 찐 요리다. 우리나라의 찰밥과 비슷하며 대개 말린 과일이나 팥소 등 단맛 나는 재료를 넣고 만드는데, 가흥종자의 경우 돼지고기를 넣고 짭짤하게 만드는 것으로 유명하다.

다진 파와 참기름만 둘러도 아침부터 속이 든든해지는 광동의 피단수육죽皮蛋瘦肉粥도 있다. 삭힌 오리알과 살코기를 넣어서 만든 쌀죽이다. 영파寧波의 팔보반八寶飯은 달콤한 찰밥으로, 우리나라의 약식과 비슷하다. 팥과 대추 앙금, 연밥, 은행, 말린 산사와 용안, 건포도 등 형형색색의 건과류가 듬뿍 들어가 달콤한 겨울밤을 기대하게 만든다. 소미환자小米丸子는 다진 고기로 만든 완자에 좁쌀을 묻혀서 튀겨낸 음식인데, 꼬들꼬들한 식감으로 편식하는 아이들을 사로잡는 영양식이다. 이렇듯 쌀 요리에는 동물성이든 식물성이든, 약간의 단백질이 더해진다면 금상첨화다. 그중에서도 해물, 고기, 야채를 골고루 담은 양주볶음밥揚州炒飯은 단연 최고다.

오늘날 북경과 항주를 연결하는 대운하의 주요 거점인 강소성 양주는 예로부터 중원 남북의 산물이 모두 모이는 최고의 상업 도시였다. 양주는 중국 대륙을 남북으로 가르는 장강, 그리고 온대와 열대를 구분하는 회수淮水를 잇는 춘추시대 운하 한구邗溝의 고장이며, 명청시대

양주 운하의 물길과 운하 위의 배 ⓒ 권운영

전국의 소금 상인이 구름처럼 모여들던 환락의 거리이기도 했다. 일찍이 남조 양나라 사람 은운殷雲은 갑부가 되어 지고무상의 즐거움을 누리려는 인간의 욕망을 "허리에 십만 관을 둘렀으면 학을 타고 양주로 날아간다"는 말로 압축한 바 있다. 세상의 모든 부와 향락이 모여드는 곳, 양주. 20세기 초 상해처럼 전통시대의 양주는 없는 것이 없는 지상낙원이었다.

무협 대종사 김용金庸의 마지막 장편소설 『녹정기鹿鼎記』의 주인공 위소보가 다름 아닌 양주 여춘원麗春院 출신인 이유도 여기에 있다. 그는 어린 나이임에도 산전수전을 두루 겪고 세상의 쓴맛 단맛을 모두 본 위인이었다. 그 위소보가 꿈에도 잊지 못한 맛이 바로 기방 여리꾼 노릇을 하던 시절, 몰래 훔쳐 먹었던 호주종자湖州粽子의 맛이다. 그 '천하무적'의 맛은 연하게 씹히는데도 질감이 톡톡하고 독특한 향미가 인상적인 호주의 쌀 맛이 핵심이다. 그런데 호주 쌀이라니? 지금은 양주 이야기를 하고 있는데? 제주 귤도 최상품은 서울에 있다고 한다. 양주는 장강 남북의 모든 산물이 모이는 곳이었다. 절강성 호주의 쌀은 물론이고 천하의 그 어떤 극상품도 양주를 거치지 않고는 다른 곳으로 갈 수 없었다.

금가루를 뿌린 듯한 양주볶음밥

양주볶음밥의 기원은 아득히 멀리 대운하가 착공되던 수나라 양제 시절까지 거슬러올라간다. 양제는 대운하를 뚫어 강남까지 배를 띄운다는 원대한 포부를 실천했다. 양제가 좋아했던 달걀볶음밥이 당시 '강도江都'라 불리던 양주에서 유행했다는 것이다. 황제가 드시던 음식이라 이름마저도 '황금 가루 볶음밥'이란 뜻의 쇄금반碎金飯이라 했다. 그러나 거창한 별칭과 별개로, 사실 양주볶음밥은 운하의 뱃사람들이 일용하던 저녁 한 끼 양식이었다. 뱃사람들은 점심에 먹고 남긴 밥을 따뜻하게 데우려고 거기에 달걀과 다진 파, 갖은 조미료를 넣어 뜨거운 기름으로 볶았다. 남긴 밥을 따뜻하고 맛나게 먹기 위한 삶의 지혜가 응축된 요리가 바로 양주볶음밥인 셈이다. 양주볶음밥은 전형적인 중국 볶음밥이다.

천하의 모든 산물이 양주로 흘러들었던 것처럼, 오늘날 이 볶음밥에는 산과 바다의 모든 재료가 어우러져 있다. "산과 바다의 모든 것이 보이지 않으

새우와 돼지고기, 야채가 든
양주볶음밥 ⓒ 박상근

면 진짜 양주볶음밥이 아니다"라는 말이 있을 정도다. 이 '진짜'는 청나라 가경嘉慶 황제 때 양주 사람들의 사랑을 한몸에 받았던 어떤 지방관의 공헌에서 비롯되었다. 당시 양주 지부를 관할했던 이병수伊秉綬는 파기름으로 볶은 달걀볶음밥에 양주에서 구할 수 있는 거의 모든 것, 즉 새우살, 살코기, 화퇴火腿, 중국식 햄, 당근, 완두, 옥수수 등을 쏟아부었다. 이것이 오늘날 양주 십면什綿(글자 그대로라면 열 가지가 들어갔다는 뜻이나 실제로는 모든 재료가 들어간 것을 가리킨다) 볶음밥의 원형이다. 장강을 타고 흘러온 모든 산물이 모이는 양주에서는 눈앞의 강과 바다에서 잡히는 수산물, 호주의 쌀, 금화의 화퇴, 장강 남북 산기슭에서 나는 당근과 옥수수까지 갖가지 재료가 빠짐없이 흔했던 탓이다. 이 위대한 업적 덕분인지, 이병수가 관직에서 물러나 고향인 복건으로 돌아갈 때, 양주의 수만 백성이 눈물을 흩뿌리며 그를 배웅했다고 한다.

입쌀과 좁쌀, 그리고 찹쌀

쌀이라면 아무래도 하얀 도화지 같은 순진한 맛이 먼저 떠오르지만, 곰곰이 생각해보면 쌀에도 여러 가지 종류가 있다. 인류의 역사를 더듬어 올라가면 처음 농사를 시작했을 때는 조, 피, 수수 등이 주된 작물이었다. 좁쌀小米로 지은 밥을 먹던 사람들이 처음 입쌀大米로 지은 밥을 맛보았을 때 느꼈을 놀라움을 상상해보자. 밥을 지으려고 좁쌀과 입쌀을 씻어보면 그 차이가 명백하다. 같은 한 되라도 좁쌀의 수와 입쌀의 수는 비교가 되지 않는다. 다 된 밥이야 더 말할 나위도 없다. 좁쌀 백 톨을 더 먹어도 부르지 않던 배가 입쌀 열 톨에는 불러오는 마법! 좁쌀을 '작은 쌀小米', 입쌀을 '큰 쌀大米'이라 부르는 이유는 너무도 명백하다.

또 주식이 되는 입쌀과 달리, 찹쌀糯米은 찹쌀대로 특별한 쓰임이 있다. 입쌀보다 점성이 높고 성질이 따뜻한 찹쌀은 팔보반, 단술甛米酒, 탕원湯圓, 찹쌀에 소를 넣어 만든 경단, 나미화糯米花, 찹쌀강정 등 다양한 주전부리의 재료가 된다. 찹쌀은 또 장족壯族, 묘족苗族, 백족白族, 태족泰族 등 중국 서남부 소수민족들이 가장 귀하게 여기는 양식이기도 하다. 남방의 여러 민족이 즐겨 먹는 오색 꽃 찰밥五彩花糯米飯은 일용할 양식이기도 하고 특별한 날을 기념하는 절기 음식이기도 하다. 이들의 찰밥은 우리가 흔히 아는 오곡밥과는 조금 다르다. 먹을 수 있는 염료로 물들인 찹쌀은 알록달록 예쁜 색깔을 자랑한다. 바로 이 염료들 덕분에 장족과 백족의 일용한 양식은 무더운 열대기후 속에서도 쉬 상하지 않는단다.

소수민족의 신화와 전설에는 우리가 이 귀한 쌀을 어떻게 얻었는지 알려주는 소중한 단서가 담겨 있다. 귀주성의 흘로족仡佬族에게는 다음과 같은 신화가 전해져 내려온다.

중국 남방 민족의 절기 음식 오색 꽃 찰밥에 쓰는 물들인 쌀

예전에는 하늘이 매우 낮았다. 그래서 대나무는 하늘에 막혀 위로 자라지 못했는데, 그 때문에 지금도 끝이 굽어 있다고 한다. 하늘이 너무 낮아서 사람들은 두서너 개의 사다리를 오르면 곧 위로 올라갈 수 있었다. 다화라는 젊은이는 거의 매일같이 하늘 위로 놀러 다녔다. 하루는 다화가 사다리를 타고 하늘 위로 올라갔더니 천신이 그를 보고 물었다. "다화야, 너는 할일이 없느냐? 어째서 늘 하늘 위로 놀러오느냐?" "네, 저는 할일이 없어서 종일 한가합니다. 그래서 매일 여기로 놀러오지요." 천신이 물었다. "그럼 너희는 무엇을 먹느냐?" 다화가 답했다. "저희는 나뭇잎과 죽순을 먹습니다." 다화가 답했다. 천신은 그 말을 듣고 생각 끝에 이렇게 말했다. "이러자꾸나. 내가 보따리 하나를 줄 테니, 사람들에게 나눠주고 그 안에 든 것을 심도록 해라. 꼭 땅에 돌아가서 펴보아야 한다." 다화는 천신이 준 선물을 받아들고 땅으로 돌아가려고 사다리를 탔다. 그런데 짐이 생각보다 무척 가벼웠다. 그는 천신의 선물이 뭔지 너무 궁금해졌다. '조금 열어서 뭐가 있는지만 보자. 잠깐이면 될 거야.' 그러나 보따리 매듭을 풀자 곧 동남풍이 불어와 안에 있던 것들이 모두 날아가버리고 말았다. 며칠 지나자, 땅 위에는 조와 벼와 옥수수 등이 푸른 풀과 함께 무성히 돋아났다. 다화는 어찌하면 좋을지 몰라 다시 사다리를 타고 하늘로 올라갔다. 다화의 이야기를 전해들은 천신은 싱긋 웃으며 말했다. "괜찮다. 바람에 날려 흩어졌으면 됐다. 이제 땅에는 조와 벼와 옥수수 등이 자라났으니 그것들을 잘 키워서 먹으면 된다. 모두 먹을 수 있는 것이고, 너희가 먹는 나뭇잎보다 만 배쯤 먹기 좋을 것이다. 함께 자라는 풀들은 베어서 말에게 먹이도록 해라. 시간이 나거든 땅에서 풀을 뽑고 산에 올라가서 풀을 베어 곡식도 보호하고 소와 말도 먹여라. 자꾸 하늘에 올라와 종일 놀지만 말고." 과연 천신이 준 선물은 나뭇잎이나 죽순보다 맛이 좋았다. 사람들은 곡식을 키우고 풀을 베어 가축을 먹이느라 더이상 하늘에 올라가 놀 시간이 없었다.

예전에는 하늘이 낮아서 올라가기도 쉬웠다. 그러다보니 아래위가 제대로 구분되지 않아 윗분들 보시기에는 외려 좋지 않았다. 그래서 천신은 인간에게 선물을 주었다. 곡식의 씨앗이라는 둘도 없는 선물을. 인간은 일용할 양식을 얻은 대신, 그 양식을 가꾸기 위해 종일 힘써 일하는 노동의 임무를 떠맡게 되었다. 곡식은 심고 가꾸고 거두는 수고를 필요로 한다. 공들여 지어놓은 농사를 망치지 않으려면 잡초와의 전쟁은 필수다. 입에 달고 맛 좋은 곡식을 얻는 대신 치러야 하는 대가는 분명했다. 땀흘려 일하기도 바빠 인간들은 이제 더이상 천상을 출입할 수 없었다. 아니면 이미 쌀이 있는 지상에서 자신들의 낙원을 찾은 걸까? 이어지는 신화에는 생존을 위해 더 모진 경쟁을 감수하게 되는 인간들, 그리고 인간세상과 거리를 두고 멀어져간 신들의 이

야기가 나온다. 홀로족의 신화는 이처럼 입에 단 쌀을 먹기 위해 우리
가 희생한 것의 가치를 아무렇지 않게 우스개처럼 들려준다.

『쌀』, 인간 욕망의 역정

쑤퉁은 장편소설 『쌀』에서 원초적인 생존 본능에 따라 살아가는 한 사
내의 인생역정을 적나라하게 그려낸다. 오룡五龍이라는 사내는 '다섯
마리 용'을 뜻하는 버젓한 이름을 지녔으나 굶주림을 면하기 위해 기
차에 몸을 싣고 무작정 도시로 나온다. 그에게 쌀은 무엇보다 귀중한
생명 그 자체였다. 그는 쌀농사로 유명한 풍요로운 고장에서 태어났
으나 대기근으로 일찍 부모를 여의고 고아로 자라나 500리 논밭을 다
집어삼키는 홍수를 피해 도시로 도망쳤다. 오룡에게 가장 중요한 것
은, 첫째가 "살아 있는 것"이었고, 둘째가 "사람답게 사는 것"이었다.
살아남는다는 것은 바보가 아니라는 증명이었다. 그래서 그는 쌀이
뿜어내는 생명의 냄새에 넋을 잃고 쌀가게에서 도시의 삶을 시작한
다. "만리타향에서 친밀함과 따뜻함을 느끼게 하는 것은 햅쌀의 향기
뿐"이었기 때문이다. 그는 끊임없이 이 생명의 향기에 매혹되고 또 매
혹된다. 정신을 일깨우는 맑은 쌀 향기가 솔솔 풍겨나는 그곳이 그에
게는 지상낙원이었다.

　그러나 "하얀 논처럼 수북이 쌓인 쌀, 아리땁고 농염한 여인, 철도와

부두, 도시와 공장, 사람과 재물"이 있는, "그가 머릿속으로 그리던 천
국"은 동시에 지옥의 또다른 얼굴을 지니고 있었다. 도시는 쌀을 위해,
그 쌀이 가져오는 돈과 이익을 위해서라면, "사람이 죽어 넘어진대도
자기 일이 아니면 아무도 신경쓰지 않았다". 그는 도시에서 쌀과 여자
와 재물과 권력을 얻는 대신 발가락과 눈을 잃는다. 몸을 버리고 마침
내 인간성마저 상실한다. 사람답게 살기 위해 멀쩡한 생니를 금니로
몽땅 갈아치웠지만 결국 그 삶에 남은 것은 증오심과 복수심뿐이다.
그는 오직 생명의 향기를 풍기는 쌀더미 위에서만 안식을 취할 수 있
고, 언제나 주머니 가득 생쌀을 넣고 다니며 한주먹씩 씹어대는 것으
로 마음의 안정을 되찾는다. 부두 조직원으로 온갖 잔인하고 추악한
범죄를 저지르며 긁어모은 돈으로 다시 쌀농사를 시작할 고향 마을의
땅을 사들인 것도 그 때문이다. 그는 "한 사람이 평생 먹고도 남을 만
큼 화물칸 가득 쌀을 싣고" 금의환향하는 자신에게 만족한다.

　그러나 아무리 달아나도 사람은 죽음의 손아귀에서 벗어날 수 없
다. 오룡은 결국 고향으로 돌아가는 화물열차의 쌀더미 위에서 숨을
거둔다. 마지막 숨이 넘어가는 순간, 그의 입에서 나온 외마디는 "쌀"
이었다. 주마등처럼 스쳐지나가는 삶의 기억 속에서 오룡은 일렁이는
황금 이삭들 사이로 반짝이는 한 톨의 볍씨 같은 자신의 모습을 본다.

　이 작품을 번역한 김은신은 『쌀』을 "생존에 관한 소설"이자 "먹기
위해, 단지 살아남기 위해 자신의 몸을 팔고 운명을 내던져야 했던 사

람들의 이야기"로 규정했다. 인간에게 생존은 무엇보다 중요한 일이다. 그러나 다만 살아 있는 것만큼이나 사람답게 사는 것도 중요하다. 살기 위해 먹는가, 먹기 위해 사는가? 돌고 도는 질문이지만, 우리는 스스로에게 거듭 물어보지 않을 수 없다. 우리가 살아 있는 한, 사람답게 살고 싶은 한.

문현선 ◆ 세종대학교 소프트웨어융합대학 초빙교수

짜
장
면

경계를 넘고 넘어 탄생한 유혹의 맛

한국인이 사랑하는 음식 짜장면炸醬麵은 원래 중국 산동의 요리로, 산동 상인들이 한국에 정착하고 나서 새로운 맛을 더해 만들어낸 국수다. 국경을 넘어와 변신한 화교표 짜장면은 사실 태생부터 초경계적이었다. 멀리는 메소포타미아 문명 발상지로부터 가깝게는 중국 동북지역 만주에 이르기까지, 아시아 대륙 서쪽 끝과 동쪽 끝에서 기원한 음식문화가 대륙을 가로지르고 발해를 건너 중국 산동에서 만나 탄생한 음식이기 때문이다.

한국인의 솔푸드, 그 기원을 찾아서

조선 말기 임오군란이 일어났다. 구식 군대의 군졸들이 봉급미를 받지 못해 폭동을 일으킨 것이다. 폭동에 참가한 난병들은 대원군을 찾아가서 사정을 애소한다. 대원군은 달래는 제스처를 취해 이들을 진정시키는 한편 물밑으로는 심복을 보내 오히려 그들을 지휘하도록 하는데, 왕의 친정親政으로 권력의 외부로 몰려나 있던 그로서는 명성황후와 척족 민씨 일파, 외세를 제거할 기회를 잡은 셈이었다. 명성황후는 궁으로 몰려든 난병을 피해 지방에 몸을 숨기고, 결국 고종은 아버지 대원군에게 군란의 진압을 부탁한다. 그리하여 대원군은 다시 권좌에 올라 난리를 수습하지만, 민씨 일파가 청 조정에 청원을 넣어 파견된 청나라 군대가 그를 납치해가면서 대원군의 재집권은 단명으로 끝난다.

바로 이때, 인천 제물포를 통해 조선에 건너온 4000여 명의 청군과 함께 40명 남짓 되는 상인이 들어온 사건이 한국 짜장면의 첫 단서가 된다. 이 상인들은 청군을 지원하는 임무를 띠고 왔다가 점차 장사를 시작하게 되었으니, 이들이 바로 한국 화상華商의 기원이다. 임오군란 2년 뒤 제물포에 청나라 조계지(현재 인천 선린동 차이나타운 일대)가 설치되었다. 황해를 사이에 두었다지만 산동 위해威海에서 인천까지는 인천과 제주도 간 거리보다 가까운 지척이었다. 산동 사람들은 연이어 거듭된 재해와 흉년으로 기아에 시달리다 생계를 위해 황해를 건너오기 시작했고, 몇 년 만에 그 수는 기하급수적으로 증가했다. 조선에 온 대부분은 돈벌이를 위해 가족을 떠나 홀로 입국한 남성 노동자들이었으니, 이들을 상대로 식당을 운영하는 산동 사람들이 생겨난 것은 당연지사다. 이렇게 문을 연 식당들이 오늘날 이른바 '중국집'의 기원이 되었다.

식당 메뉴 중 하나였던 짜장면은 원래 산동 음식의 한 가지로, 그곳 사람들이 흔히 먹는 국수였다. 중국 본명은 작장면炸醬麵으로 '작炸'은 '튀긴다'는 뜻이다. 이름 그대로 풀이하면 튀김 할 때처럼 기름을 넉넉히 부어 볶은 장醬을 면 위에 살짝 뿌려 먹는 음식이다. 실제로 중국에서 먹는 짜장면 중 한때 그 이름 그대로 오로지 볶은 장만을 국수에 비벼 먹는 짜장면이 있었다. 음식 이름을 구현하는 데만 충실할 뿐 맛은 고려하지 않는 학생식당의 짜장면이 특히 그랬다. 한국 짜장면에 익숙한 이들에겐 가히 충격이라 할 정도로 짠맛 나는 밀가루 국수에 불과한 음식이었다. 다행히 요즘은 중국에서라도 이런 짜장면을 만나는 경우는 흔치 않다. 본디 산동 짜장면은 볶은 장과 파, 오이, 당근, 부추, 심리미心裏美(한국에선 과일무 또는 수박무로 불린다), 숙주 등 채소를 생으로 채썰거나 살짝 데쳐서 면과 함께 비벼 먹는 일종의 비빔국수다.

조선 말 제물포를 중심으로 장사를 시작한 산동 화상들의 식당 메뉴 짜장면이 처음부터 한국 대중의 사랑을 받았던 것은 아니다. 짜장면은 1950년대 화교 왕송산씨가 창업해 만든 '사자표 춘장' 덕에 원조

짜장면

에 없던 새로운 맛을 얻었다. 춘장을 제조할 때 캐러멜소스를 첨가하는 신기술을 사용한 덕분이었다. 이렇게 달콤한 맛이 첨가된 장에, 돼지고기, 양파, 호박 등을 함께 볶은 걸쭉한 소스를 자작하게 부어 먹는 것이 바로 한국 화교표 짜장면이다. 산동 짜장면이 황해를 넘어와 그 원조와 꽤 다른 국수 요리로 탄생한 것이다.

원조는 산동, 대표는 북경

중국이 급속도로 경제성장을 이루기 전, 즉 1990년대 이전 외식문화가 발달하지 않았을 때는 짜장면이 집에서 자주 해먹는 '가상채家常菜'였다. 중국에서 가상채란 '늘 먹는 가정식'이란 뜻으로, 한국으로 치면 김치찌개나 멸치볶음, 콩나물무침 등속의 음식을 말한다. 30~40대 중국인과 이야기를 나눠보면 대개는 짜장면을 어린시절 할머니와 어머니가 만들어주시던 추억의 음식으로 떠올린다. 외식이 일상화된 요즘도 집에서 짜장면을 직접 만들어 먹는 중국인이 적지 않다.

　그런데 오늘날 중국에서 짜장면을 언급할 때 대표주자로 나서는 지역은 산동이 아닌 북경이다. 북경 짜장면은 중국을 대표하는 10대 면요리 중 하나로 손꼽히며 반드시 '노북경老北京, 라오베이징'이라는 명예로운 수식어와 더불어 불린다. 여기서 '노老'란 '오랜 전통을 지닌'이라는 뜻이다. 하지만 여기엔 또 반전이 있다. 노북경 짜장면은 실상 '노'

에 걸맞은 이름값을 못하는 형편이기 때문이다. 역사를 말할라치면 2500년 전 공자 시대로 거슬러올라가기 일쑤인 중국에서 노북경 짜장면이 역사 속 일화에 등장한 것은 청나라 말엽인 19세기 후반이니 겨우 100년 남짓 된 셈이다. 굴원의 넋을 기리고 그의 시신을 물고기로부터 보호하려고 종자粽子라는 음식을 만들어낸 것이 2000여 년 전이고, 오자서가 포위된 성안의 백성을 먹이려고 묻어둔 찹쌀떡이 등장한 지도 2000년이 넘었다. 유구한 역사를 자랑하는 이런 음식들과 비교한다면, 북경 짜장면은 '노북경'이라는 감투를 썼지만 그 역사는 일천한 셈이다.

산동 짜장면이 노북경 짜장면에 대표선수 자리를 내준 경위를 밝히려면 청나라 황실의 혼인사까지 들춰내지 않을 수 없다. 원래 산동은 예로부터 맛난 음식이 유명한 고장이었다. 중국 4대 요리 중 가장 오랜 역사를 자랑하는 산동 요리는, 고대부터 황하 중하류 유역에 전하던 찌고 볶고 삶고 굽고 부치고 튀기는 등의 각종 조리 기술을 집대성한 요리 계통으로 알려져 있다. 산동 곡부曲阜 태생인 노나라 사람 공자가 미식가였다는 소문은 우연이 아닌 것이다. 산동 요리는 바로 그 '노'의 이름을 따 '노채魯菜', 즉 '노의 요리'라고도 불린다. '노'는 오늘날까지도 산동의 약칭으로 널리 사용된다.

중국 북방요리를 대표하는 '노의 요리'는 청나라 공주의 혼인 덕분에 황실의 요리로 격상된다. 건륭황제의 딸이 공자의 72대손에게 시집을 가게 됐기 때문이다. 황실 혼사로 노채는 신분이 상승되었음은 물론이고 청 황실을 비롯해 수도 북경의 요리에도 영향을 미친다. 청 궁중요리 '만한전석滿漢全席'에는 바로 이 노채의 특징이 농후하게 담겨 있다. 다른 한편, 미식의 고장 산동 출신 요리사들이 명나라 때부터 북경에 진출해 궁중요리를 만들어왔다는 이야기 또한 전한다. 이런 일들을 거쳐 산동 요리는 북경 요리의 근간을 이루게 되며, 이 흐름 속에서 산동 짜장면 역시 북경으로 전해졌을 것이다.

노란 짜장, 검은 짜장

여기에 결정적으로 노북경 짜장면에 대표 자격을 부여하는 사건이 더해진다. 그 주역은 바로 서태후다. 자희태후라고도 불리는 서태후는 청나라 9대 황제 함풍제의 후궁이었다가 황제가 세상을 떠난 후 40년 동안 수렴청정했다. 서태후는 먹는 데 대단한 사치를 부린 것으로도 유명해 전용 부엌에서 만들어내는 요리가 4000종, 간식만 해도 400종이 넘을 정도였다. 서태후 섭정 기간에 중국에서는 서양 열강을 몰아내자는 의화단운동이 발생하고, 이를 진압하기 위해 열강 8개국 연합군이 북경을 침공하는 사건이 일어난다. 서태후는 이를 피해 섬서 서안으로 도망하는데, 피난 도중 어느 국숫집에서 새어나오는 음식의 향기에 사로잡힌다. 그것이 바로 짜장면이다. 그 맛에 매료된 서태후는 나중에 그 요리사를 데리고 환궁한다. 그때 그 짜장면의 조리법이 전해지지는 않지만, 이로 인해 짜장면이 북경에서 본격적인 인기몰이를 하게 됐음은 어렵지 않게 짐작할 수 있다.

상당수 북경인이 어릴 적 짜장면을 먹으며 자랐노라 호언하는데 그 짜장면은 과연 산동의 원조와 무엇이 다를까? 가장 큰 차이는 바로 장에 있다. 노북경 짜장면은 대체로 노란 콩을 발효시킨 황장黃醬을 사용해 노란빛을 띤다. 산동 짜장면은 황장에 첨면장甜麵醬을 섞어 사용하므로 좀더 검은빛이다. 첨면장은 콩에 밀가루를 다량 혼합해 발효시킨 장으로 단맛이 강하다. 파 많이 먹기로 이름난 산동 사람들이 생파를 첨면장에 찍어 먹으므로 파 총葱 자를 써서 총장葱醬이라고도 한다. 노북경 짜장면의 장을 만드는 데는 황장, 돼지고기, 파, 기름, 물이 반드시 필요하며 이 품목들은 짜장면의 맛을 결정하는 강력한 힘을 지니고 있다 하여 '다섯 호랑이炸醬五虎'라 불린다. 이렇게 장에 돼지고기가 들어가는 점도 노북경 짜장면이 산동 짜장면과 다른 특징이다. 산동 짜장면은 황장에 첨면장을 더해 볶을 때 돼지고기를 넣지 않는다.

노북경 짜장면은 면 제조에 좀더 절차를 따져 과리도鍋裏挑와 과수면過水麵 중 선택해서 먹기도 한다. 과리도는 '솥鍋 안裏에서 끄집어내다挑'라는 뜻으로 국수를 삶은 뒤 바로 꺼내서 먹는 방법이고, 과수면은 '물水에 넣었다過 뺀 면麵'이란 뜻으로 국수를 삶아 물에 헹궈서 먹는 방식이다. 과수면은 주로 여름에 먹는다.

장과 면에 섞는 채소는 북경이든 산동이든 짜장면을 구성하는 3대 요소 중 하나로 채마菜碼라고 한다. 비빔으로 넣어 먹는 채마는 파, 완두콩, 부추, 오이를 비롯해 계절에 따라 달리 구성해도 된다. 숙주와 완두콩을 제외하면 대체로 생으로 채썰어 사용한다. 채마가 많을 때는 열 가지에 이르기도 한다.

한국 짜장면이 전국적으로 맛의 균일화를 이룬 데 비해 중국 짜장면은 원조와 대표 간 서로 다른 장맛, 계절이나 입맛에 따라 약간, 혹은 많이 다른 채마 등 저마다의 특색을 보여준다. 산동과 북경이 같지 않을 뿐 아니라 지역과 가정에 따라 달라지기도 한다. 넓은 땅 여러 지역의 자연 조건과 문화 배경이 다르기 때문에 이런 차이는 자연스러운 것으로 보인다. 채마로 말린 두부를 사용하기도 하며, 장으로 잘 푼 계란을 먼저 볶다가 동북대장東北大醬을 넣어 볶은 계란장鷄蛋醬을 쓰기도 한다. 동북대장이란 바로 메주를 띄워 만드는 한국식 된장으로, 메주 없이 만드는 황장과 구별된다. 특히 중국 동북 지역 요녕의 심양瀋陽 짜장면은 황장 대신 동북대장을 위주로 쓴다. 길림도 마찬가지다. 심양의 짜장면은 동북대장에 첨면장은 물론 두반장을 넣기도 한다. 두반장은 노란 콩뿐 아니라 누에콩과 참기름, 콩기름, 고추 등을 첨가해 만든 장이다. 개중에는 황장만 쓰는 노북경 짜장면을 달가워하지 않는 심양 사람도 있다.

일명 만주라고 불리는 중국 동북 지역 짜장면은 동북대장, 즉 메주

빚는 한국식 된장을 쓴다 하니 과연 콩의 원산지다운 발상이다. 만주가 인류 최초로 콩을 재배하고 콩으로 장을 담근 지역이라는 데까지 생각이 미치면, 파 마니아 산동 사람들이 꼭 파 찍어 먹는다는 총장, 즉 첨면장의 기원도 자연스레 드러난다. 요동반도 대련大連에서 발해를 건너 산동의 연대煙臺까지는 겨우 200킬로미터 남짓, 중국에서 이 정도면 지척인 셈이다. 중국 사람들은 만물의 시비를 논할 때 자주 고대 왕조 주나라를 기준으로 삼는데, 주 왕조의 예법을 기록한 『주례』 「천관天官」에 의하면 주나라 천자는 제사와 손님을 접대할 때 나오는 요리 수만큼 장을 준비했다. 그런데 그때의 장은 두장이 아니라 육장肉醬이었다. 공자가 육장을 즐긴 이야기는 널리 알려져 있다. 심지어 육장이 없으면 고기를 먹지 않을 정도였다고 한다. 이처럼 중원 지방, 즉 산동, 북경과 천진을 포함한 하북, 산서, 섬서 등 중국 고대문화 발상지인 이 지역의 원래 장은 바로 육장이었다.

만주의 두장과 중동의 국수, 산동에서 만나 북경에서 꽃피우다

원조를 따져보면 두장은 만주에서 발해를 건너 산동으로, 또는 동북과 중원의 경계 산해관을 넘어 하북과 산동으로 건너온 이질적 음식문화였다. 중국에서 국수의 고장으로 손꼽히는 지역은 중원의 산서다.

산서 사람들은 석탄과 국수로 먹고산다는 말이 나올 만큼 국수를 많이 먹는다. 하루 한 끼 국수를 먹지 않으면 혼이 나가고, 한 집안에서 한 달 새 같은 국수를 두 번 먹지 않는다 할 정도로 다양한 국수 메뉴를 자랑하지만, 산서의 10대 국수 안에는 짜장면이 없다. 산동까지 넘어온 두장 문화가 산서와 산동을 가르는 태행산 등성이는 미처 넘지 못했나보다. 산서 국수와 견주어봤을 때 산동 짜장면의 태생엔 분명 경계를 넘어 중원에 온 만주 두장 문화의 자취가 새겨져 있다.

그런데 짜장면의 재료들이 경계를 넘어 만난 흔적은 비단 장에만 있지 않다. 짜장면의 '국수'도 실은 먼 중동 지역에서 기원해 중앙아시아를 거쳐 중원 땅에 이른 것이다. 국수는 그렇게 실크로드를 따라 형성된 누들로드를 통해 중원으로 왔다. 국수의 재료 밀이 인류 최초로 재배된 지역은 고대문명 발상지인 메소포타미아 일대로, 오늘날 이란, 이라크 인근에 해당하는 곳이다. 이곳의 밀과 국수가 중국 중원 지역으로 전해지기 전까지, 중원 사람들의 주식은 조와 기장이었다. 공자의 식탁에는 면이 오르지 않았다. 중국 문헌에 밀가루를 의미하는 글자 면麵과 밀가루를 반죽한 음식을 뜻하는 병餠이 등장한 것은 한漢나라에 이르러서다. 한나라 장건이 사절로 서역을 방문해 13년간 머무르다 돌아온 기원전 139년에 밀가루 음식이 함께 서역에서 들어왔다는 추측도 있다. 그러나 밀가루가 중원에 널리 퍼지기까지는 좀더 시간이 필요했다. 그리하여 장건의 서역행으로부터 100년 뒤, 문헌에는 밀가루로 만든 병에 관한 기록이 등장하기 시작한다. 이렇게 들어온 밀은 중국 북방 토양에서 잘 자랐고 중국의 2대 주식 계통, 즉 '북방의 밀가루, 남방의 쌀'이라는 양분된 주식 체계를 굳힌다. 유구한 역사를 지닌 굴원의 찹쌀밥 종자는 당시 초楚나라, 오늘날 호북과 호남 일대에서 만들어진 남방 요리였으며 오자서의 찹쌀떡 역시 남방 절강 일대에서 만들어진 음식이다. 남방과 북방은 자연환경이 크게 달라 각자 쌀과 밀로 다르게 먹었고, 이런 전통은 지금도 여전히 중국인의 식습관에 계승되어 있다.

　메소포타미아에서 전해진 밀가루와 면은 중국 북방의 주식이 되고, 만주의 두장은 산동으로 넘어와 총장을 만들었다. 긴 여정을 거치고 경계를 넘어 만난 면과 장은 산동에서 짜장면으로 탄생했고, 그 짜장면은 다시 북경으로 가서 꽃을 피웠다. 그리고 짜장면은 황해를 넘어 조선으로 들어와 새로운 화교표 짜장면으로 변신했다. 한국에서건 중국에서건 경계를 넘고 넘어 유혹적 향기로 피어난 짜장면은 이질적 문화의 가장 맛있는 융합으로 문화사와 음식사에 기록될 것이다.

이윤희 ◆ 가톨릭대학교 중국언어문화전공 강사
가톨릭대학교와 중국 베이징대학에서 공부하고 서울대학교에서 중국현대문학 전공으로 박사학위를 받았다. 20세기 전반기 중국 농촌서사, 특히 중일전쟁 시기 북경에서 창작된 농촌 소설을 주로 연구한다. 이를 통해 중화인민공화국의 공식 사관에 가려진 역사의 틈새를 재조명하는 데 관심이 있다.

탕

湯

쫜양러우

북경의 뜨거운 겨울을 먹다

식탁에는 신선로 같은 커다란 화로가 놓여 있고 선홍빛을 띤 신선한 양고기는 종잇장처럼 얇게 썰려 접시에 동글동글 말린 채 쌓여 있다. 짧은 대파 몇 토막이 뽀얀 탕 속에서 오르락내리락한다. 젓가락을 들어 양고기를 맑은 탕 속에 얼른 넣었다가 꺼낸다. 이것이 바로 '솬涮'이라는 요리법이다. 양고기를 맑은 탕 속에서 씻어내듯 몇 번 흔들어 익힌 후 먹는다. 식성에 맞게 정성껏 제조한 소스를 찍어 먹으면 금상첨화다. 아름다운 식탁이 탄생하는 순간이다. 중국에서 솬양러우涮羊肉, 양고기 샤부샤부는 혼자 먹는 음식이 아니다. 가족들과 친구들과 식탁에 빙 둘러앉아 도란도란 이야기 나누며 먹는, 온기를 나눌 수 있는 겨울 음식이다.

입맛이란 변하는 법

양고기 하면 중국 사람들에게는 익숙한 식재료지만 우리에게는 양고기가 그다지 익숙하지 않다. 비록 최근 들어 양고기 전문점이 우후죽순처럼 생겨나고 휘궈火鍋나 양꼬치羊肉串라고 쓰인 간판을 도처에서 볼 수 있지만 말이다. 아직까지도 가족이나 친구들을 데리고 양고기 전문점을 찾아갔을 때 절반의 성공만 거두었을 뿐이다. 사실 나도 처음부터 양고기를 잘 먹은 건 아니다. 북경 유학 시절 사람들이 길거리에서 위구르인들이 파는 양꼬치를 먹으며 연신 "맛있다!"를 외쳐댈 때도 나는 양고기 특유의 누린내를 없애느라 뿌리는 중국식 향신료가 그다지 입에 맞지 않았다. 그러다 친구 손에 이끌려 간 솬양러우 전문점에서 그만 양고기의 매력에 푹 빠져버렸다.

양고기는 사실 중국 서북쪽 유목민족이 많이 먹던 식재료다. 서북쪽 음식인 양고기가 입에 맞지 않은 것은 우리나라 사람들만이 아니었던 것 같다. 중국 남북조 시기 양현지가 쓴『낙양가람기洛陽伽藍記』에는 북위北魏의 음식이 입에 맞지 않았던 왕숙王肅의 이야기가 나온다. 북위는 지금의 내몽고 지역에 선비족이 세운 나라인데, 왕숙은 원래 산동성 사람이었다. 왕숙이 위나라에 귀순했을 때, 그는 선비족 사람들이 일상적으로 먹던 양고기나 양젖을 먹지 않았다. 그는 항상 배가 고프면 붕엇국을 먹었고 목이 마르면 차를 마셨다. 몇 년 지난 뒤 위나라 고조가 궁전에서 연회를 열자 왕숙이 초대를 받아 갔다. 그때 양고기 요리와 양젖으로 만든 타락죽이 나왔는데, 왕숙이 그 요리들을 아주 맛있게 많이 먹었다. 이에 고조가 왕숙의 식성이 달라진 것을 보고 괴이하게 생각해 물었다.

"그대는 지금 위나라 음식을 잘 먹고 있소. 양고기와 붕엇국은 어떻게 다르고 차와 타락죽은 또 무엇이 다르오?"

"양고기는 육지에서 나는 최고의 음식이고 생선은 물에서 나는 최고의 음식입니다. 사람들이 좋아하는 것은 같지 않지만 모두 진귀한 맛이라고 할 수 있지요. 그래도 맛으로 따지자면 우열이 있습니다. 양고기는 제나라나 노나라 같은 큰 나라에, 생선은 주邾나라나 거莒나라 같은 작은 나라에 비교할 수 있습니다."

이에 고조가 크게 웃으며 술잔을 들어올렸다. 양고기를 큰 나라에, 생선을 작은 나라에 비교한 걸 보면 투박한 양고기가 그만큼 맛있어졌나보다. 원래 남쪽 지방의 생선만 먹던 왕숙의 입맛이 몇 년 만에 북쪽 지방의 양고기를 뜯는 입맛으로 변하다니…… 음식이 환경에 따라 달라지듯이 입맛도 환경에 따라 변하는 법인가.

큰 양이 맛있다, 맛있는 건 아름다워

우리나라에서는 즐겨 먹지 않지만, 중국에서 양고기는 어디를 가나 쉽게 접할 수 있는 육류다. 사실 양은 중국 전통 가축인 오축五畜, 양, 소,

닭, 개, 돼지에 든다. 중국의 가장 오래된 문자라는 갑골문에도 양이라는
글자가 등장하는 것을 보면 양이 지닌 의미가 평범치 않았음을 짐작
할 수 있다.

양은 아주 오래전부터 상서로운 동물로 여겨져 제사지낼 때 희생물
로 사용되었다. 오축 중에서도 부드럽고 따뜻한 털을 가졌을 뿐 아니
라 성격도 온순하고 선량해서, 사람들은 양을 인정 많고 의리 있는 동
물로 생각했다. 허신의 『설문해자說文解字』에서는 "양은 상서롭다는 뜻
이다羊, 祥也"라 하고, "상은 복이다祥, 福也"라 했다.

도교 신선 중에 항상 양과 함께하는 황초평黃初平이란 신선이 있다.
그를 그린 그림에 항상 양이 등장하는 이유는 원래 황초평이 양치기
였기 때문이다. 황초평은 원래 백성의 어려움을 알아주고 사람들의
재물과 건강을 지켜주는 신선이다. 그런 그의 역할에는 양의 선량함
이 그대로 반영되어 있는 듯하다.

우리가 많이 사용하는 글자인 미美 자도 양과 관련되어 있다. 양羊과
대大를 위아래로 연결해놓으면 바로 아름다울 미 자가 만들어진다. 미
자는 원래 아름답다는 뜻이 아니라 맛있다는 뜻을 가진 글자다. '맛 좋
은 음식美食', '맛있는 술美酒' 등에서 지금도 맛있다는 뜻으로 사용된다.
『설문해자』에서는 미의 뜻을 "맛있다甘也"라고 했다. 큰 양이란 바로
살진 양으로, 살이 찔수록 지방이 많아지고 몸집이 커져서 육질이 더
욱 신선하게 느껴졌을 것이다. 이 외에도 새끼 양이라는 뜻의 '고羔' 자

솬양러우

는 양과 불 화火로 이루어져 새끼양이 구워먹기에 좋다는 뜻이고, 죽이란 뜻의 '갱羹'은 새끼 양羔과 큰 양美을 끓여 죽을 만든다는 뜻이다. 이처럼 양은 옛날부터 구워먹기도 하고 끓여먹기도 하고 삶아먹기도 하고 죽을 만들어 먹기도 하며 다양한 방법으로 요리해 먹었다.

저녁노을 같은 붉은 고기가 흰 파도 속에서 노닐다

눈 내리는 맑은 강에 파도 일렁이고
저녁노을 비추니 바람에 반짝이네.

이 시는 한 폭의 그림 같은 경치를 묘사한 것처럼 보인다. 하지만 사실 보글보글 끓고 있는 맑은 탕에 산에서 갓 잡아온 토끼고기를 넣은 모습을 표현한 것이다. 눈 내리는 맑은 강은 화로 속 뽀얀 국물을, 일렁이는 파도는 맑은 탕이 끓는 모습을 읊은 것이다. 저녁노을은 선홍빛 토끼고기가 끓는 탕 속에서 흰 파도를 일으키며 굴러다니는 모습이다. 이 요리는 이름도 아름다운 '발하공撥霞供'으로, 일렁이는 파도撥에 물든 저녁노을霞을 멋진 요리로 바친다供는 뜻이다.

발하공은 남송 시기 임홍의 『산가청공山家淸供』에 처음 등장한다. 임홍은 어느 날 겨울 복건성 무이산에 놀러갔다가 육곡이라는 장소에

도착해 지지止止 선생을 찾아뵈었다. 그날은 마침 눈이 펑펑 내리고 있었다. 사냥꾼이 눈 속에서 갓 잡은 야생 토끼 한 마리를 주고 갔다. 임홍은 배가 고파 토끼를 요리해서 먹고 싶었지만 그곳에는 야생 토끼로 요리를 할 수 있는 사람이 아무도 없었다. 지지 선생이 말했다.

"무이산 사람들이 옛날부터 먹는 방법이 있는데, 그 방법으로 한번 먹어보지요."

그러고는 신선한 토끼고기를 얇게 포 뜨기 시작했다. 화로 하나를 준비해 물을 끓이고는 그릇에 술, 간장, 화초花椒 등을 넣고 소스를 만들었다. 사람들은 각자 젓가락을 들고 토끼고기를 집어 끓는 물 속에 넣었다가 재빨리 꺼내어 소스에 찍어 먹었는데, 그 맛이 기가 막혔다. 그로부터 5년 후 임홍은 항주에 왔다가 친구인 양영재를 찾아갔다. 친구는 임홍을 대접하기 위해 음식을 준비했는데, 바로 임홍이 무이산에서 먹었던 그 요리였다. 이미 항주에서는 이 요리를 먹고 있었고 토끼고기 대신 주위에서 쉽게 구할 수 있는 양고기나 돼지고기를 사용하고 있었다. 이에 임홍은 무이산에서 먹었던 토끼고기 샤부샤부, 쑨투러우涮兔肉가 생각나 시를 한 수 지어 읊었다. 이 시의 한 구절이 바로 "눈 내리는 맑은 강에 파도 일렁이고 저녁노을 비추니 바람에 반짝이네"다.

발하공은 쑨양러우의 원조 격이 되는 요리로, 탕에 넣는 고기만 토끼고기에서 양고기로 바뀌었을 뿐이다. 중국에서는 훠궈에 식재료를 넣어 끓여먹는 방식이 오래전부터 존재했다. 삼국시대 조조의 아들인 조비가 언급한 오숙부五熟釜는 솥을 다섯 칸으로 나누고 칸마다 각각 다른 육수를 끓이는 훠궈의 일종이다.

유목의 음식이 북경의 명품이 되다

이미 남송 시기에 발하공이 있었다고 해도, 이는 토끼고기를 끓는 물에 간편하게 익혀 먹던 훠궈 방식이었을 뿐이다. 사람들은 양고기 하면 서북쪽 유목민족의 음식이라고 생각한다. 지금도 유명한 양고기 요리인 수파육手把肉, 손으로 잡고 뜯어 먹는 양 요리이나 고양퇴烤羊腿, 구운 양다리 요리, 양육조반羊肉抓飯, 양고기를 올린 볶음밥, 고전양烤全羊, 통양구이, 고양육천烤羊肉串, 양꼬치 등은 대부분 몽고, 신장 위구르, 티베트 지역에서 많이 먹는 음식이다.

　수십 년 전에 내몽고 지역에서 세 사람이 앉아 솬양러우를 먹는 모습이 담긴 벽화가 발견되었다. 벽화는 요나라 시기의 것으로 추정되며, 그려진 인물은 당시 북쪽 민족인 거란족들로 보인다. 큰 솥에선 양다리로 보이는 고기들을 통째로 삶고, 가운데에서는 끓는 물 속에 젓가락을 넣어 고기를 데치는 모습이 담겨 있다. 바로 솬양러우를 먹는 모습이다.

　솬양러우를 언제부터 먹었는지 정확한 기록은 없으나 중국에서 널리 전해지는 옛날이야기가 하나 있다. 원나라 초에 세조 쿠빌라이가 군사들을 이끌고 남쪽으로 정벌에 나섰다. 힘든 전쟁에 군사들은 모두 허기지고 말도 지쳐 다들 쓰러질 지경이었다. 쿠빌라이는 배고픈 군사들의 원기를 돋워주기 위해 양을 잡게 했다. 당시는 북방 민족의 특성상 양고기를 통째로 잘라 삶아먹을 때라서 양고기를 크게 잘랐다. 요리사가 양고기 덩어리를 솥에 넣고 막 끓이려는데 적군이 오고 있다는 소식이 당도했다. 큰 양고기 덩어리를 솥에 넣고 익히기에는 시간이 너무 부족한 상황이었다. 요리사는 쿠빌라이가 식사도 하지 않은 채 전장에 나가게 할 수 없어 급한 김에 쉽게 익도록 양고기를 얇게 썰었다. 끓은 물에 몇 번 저어 고기 색깔이 변하자마자 그릇에 담고 가는 소금과 함께 내어 군사들에게 먹였다. 몇 그릇을 순식간에 먹어 치우고 출전한 쿠빌라이는 전쟁에서 승리하고 적장까지 사로잡았다. 이처럼 우연한 계기로 지금의 찬양러우가 탄생했다고 한다. 그러나 이 이야기는 그저 전설일 뿐 증명할 방법이 없다. 그래서 어떤 사람은 이야기 속 인물이 쿠빌라이가 아니라 몽고제국을 통일한 칭기즈 칸이라고도 하고 어떤 사람은 서남아시아를 정복하고 일한국을 세운 칭기즈 칸의 손자 훌라구라고도 한다.

　쿠빌라이는 원나라 수도인 대도大都, 지금의 북경로 돌아오고 나서 전쟁터에서 먹었던 찬양러우가 생각났다. 어느 날 궁중에서 연회가 열리자 쿠빌라이는 이전의 요리사를 불러 전쟁터에서 먹었던 양고기 요리를 부탁했다.

　요리사는 전쟁터에서 급하게 요리했던 때와 달리 정성을 다해 요리를 준비했다. 우선 양다리 부분의 부드럽고 연한 살코기를 골라 얇고 고르게 포를 떴다. 그리고 전쟁터에서는 익힌 고기를 가는 소금에 찍어 먹었을 뿐이지만 이번엔 참깨 소스와 삭힌 두부와 부추즙 등 다양한 양념장을 함께 내었다. 솬양러우를 맛본 쿠빌라이와 장군들은 모두 훌륭하다며 손을 치켜세웠다. 이에 요리사는 쿠빌라이에게 부탁했다.

　"아직 이 음식의 이름이 없습니다. 황제께서 이름을 지어주시지요."

　"이 요리는 양고기를 빨리 데쳐서 먹을 수 있으니 '솬양러우'라고 짓는 것이 어떻겠소!"

　사실 양고기는 몽고 사람들의 주요 음식이라고 할 수 있다. 원나라 초 홀사혜忽思慧가 편찬한 『음선정요飮膳正要』에는 80퍼센트 넘는 요리에 양고기가 들어간다. 비록 『음선정요』의 요리 중에는 솬양러우가 없지만, 『동방견문록』에서 마르코 폴로가 원나라 황궁에서 몽고 훠궈를 먹은 적이 있다고 한 것으로 보아 당시 솬양러우는 원나라의 궁중 요리였음을 알 수 있다. 원나라 때 솬양러우는 이미 북경의 명품 요리가 되었던 것이다.

궁중 요리에서 대중 요리로

양고기를 좋아하던 만주족은 솬양러우의 조리법을 변화시켜 양고기의 귀족적 풍미를 발전시켰다. 이에 청나라 때는 솬양러우가 고급 요리가 되어 임금님의 수라상에 올라가는 어선御膳이 되었다. 강희제 때는 중국 연회 역사상 '천하에 가장 훌륭한 연회'라는 기록을 남긴 천수연千叟筵이 처음 열렸다. 천수연은 청나라 황제가 전국에서 1000명의 노인을 불러 궁중에서 연 연회다. 강희제는 직접 연회를 주관하면서 솬양러우를 연회 요리로 등장시켰다.

건륭제는 강희제의 연회를 모방해 자신의 생일에 황궁에서 천수연을 열었다. 이 연회에서는 채소 요리를 대신해 솬양러우를 주요리로 올렸다. 훠궈 솥 1500개가 걸리고 5000명의 사람이 둘러앉아 솬양러우를 먹었다. 뜨겁게 끓어오르는 수많은 훠궈와 함께 이를 먹고 있는 사람들의 규모가 얼마나 대단한 장관을 연출했을지 상상할 수 있다. 식성이 매우 까다로웠던 서태후는 자신의 50세 생일잔치에 솬양러우를 내놓은 궁인을 여럿 죽였다. 자신이 양띠라는 이유에서였다.

이처럼 솬양러우는 청나라 시기 100~200년간 황궁에서 독점해 일반인은 아직 그 맛을 향유하지 못하고 있었다. 솬양러우는 청나라 말기에 와서 사람들 사이에 퍼져나갔는데, 여기에도 이야기가 전해진다. 양고기를 너무나 좋아했던 어떤 사람이 황궁의 태감太監을 매수해 솬양러우의 비법 재료를 훔쳐다 전파했다고도 하고, 북경의 유명 솬양러우 식당인 동래순東來順 창업자가 태감을 매수해 솬양러우의 비법을 훔쳐다 지금의 식당을 창업했다고도 한다.

어찌됐든 결국 청나라 말기에 와서야 솬양러우는 궁중에서 맛보던 음식에서 대중이 즐길 수 있는 음식이 되었다. '라오베이징 솬양러우老北京 涮羊肉, 노북경 양고기 샤부샤부'란 말이 생기면서 솬양러우는 북경의 손꼽히는 요리가 되었다.

> 사람들은 배운 사람이나 못 배운 사람이나 모두 솬양러우를 먹고
> 즐거워한다.
>
> ─『청패류초清稗類鈔』

> 솬양러우는 날이 추워지면 가장 많이 먹는 맛있는 음식으로 반드시
> 양고기 전문점에서 먹어야 한다. 솬양러우를 먹는 법은 북방 유목
> 민족의 방법을 연구해서 발전시켰으니 그 풍미가 매우 특별하다.
>
> ─『구도백화舊都百話』

으스스 추운 어느 겨울날 참깨 소스, 북경의 삭힌 두부, 고추기름, 참기름, 새우 기름, 다진 마늘, 다진 파, 부추 꽃, 고수, 조미술 등 다양한 조미료를 선택해 고루 섞어 양념장을 만든다. 싫어하는 조미료는 빼도 좋다. 입맛에 맞게, 취향에 맞게 고르면 된다. 맑은 탕에서 막 꺼

낸 양고기를 양념장에 찍어 먹는다. 추위가 확 달아나는 따뜻한 맛이다. 북경 촨양러우의 참맛을 느낄 수 있다. 여기에 백주米酒 한 모금 곁들이면 더욱 좋지 않겠는가!

정민경 ◆ 건국대학교 중어중문학과 강사
중국사회과학원에서 중국문학 전공으로 박사학위를 받았다. 중국소설과 필기를 틈틈이 읽고 있으며 여성 문학과 문화에도 관심이 많다. 공저로『옛이야기와 에듀테인먼트 콘텐츠』『청 모종강본 삼국지』가 있고, 공역서로『태평광기』『우초신지』『풍속통의』『명대 여성작가 총서』『강남은 어디인가: 청나라 황제의 강남 지식인 길들이기』『사치의 제국』등이 있다.

훠궈

————◇◇◇◇◇————

맛, 소리, 향의 삼중주

火鍋

1990년대 말 중국으로 어학연수를 갔을 때, 훠궈火鍋를 처음 먹었던 그날을 잊을 수가 없다. 중국 친구가 겨울이면 보양식으로 중국식 샤부샤부인 훠궈를 먹어 몸을 따뜻하게 한다기에 무작정 따라갔다. 식당 문을 열자마자 앞이 보이지 않게 자욱한 안개 같은 습기, 맵고 짜면서도 코를 자극하는 맛깔스러운 향기, 접시마다 가득 담긴 식재료, 보글보글 끓는 솥에 끊임없이 갖가지 식재료를 넣느라 정신없는 손님들, 그리고 한쪽 구석에 즐비하게 놓인 다양한 소스…… 100여 명의 사람이 삼삼오오 모여앉아 훠궈의 맛과 향에 취해 식당이 떠나가라 와자지껄 떠들며 신나게 먹던 그 식당 풍경이 아직도 눈에 선하다. 그후, 나는 몸을 따뜻하게 하기 위해서가 아니라 맛과 향을 즐기고 그 분위기에 취하러 훠궈 집을 자주 찾았다.

　그리고 10년이 흐른 뒤 상해로 유학 갔을 때 혼자 지내는 시간이 많았다. 저녁에 산책하고 출출할 때면, 익숙한 마라훠궈의 향기에 이끌려 거의 매일 찾아간 곳이 마라탕 집이다. 훠궈 집과는 상반되게 조용하고 작은 곳이지만 훠궈의 축소판이라 할 수 있는 마라탕을 즐기는 사람이 늘 복작이는 곳이었다. 다만 조용히 혼밥을 즐기는 사람이 대부분이고 거의 나처럼 외지인이었다. 문을 열면 둥그런 유리창 달린 냉장고에 즐비한 재료를 바구니에 담아 순서를 기다리는 그 시간이 즐겁기만 했다. 가끔 실수로 씹히는 마의 얼얼한 맛은 혀를 마비시키지만, 그 얼얼함은 어느새 나를 훠궈 집, 마라탕 집으로 끌고 가는 마력의 맛이 되었다. 이제는 우리나라에서도 대학가나 중국인이 있는 곳이면 어디서든 찾을 수 있는 훠궈와 마라탕은, 핫포트Hot Pot란 이름으로 세계인에게 사랑받는 중국요리다.

붉은 진흙의 작은 화로

훠궈의 기원은 여러 문헌에서 찾아볼 수 있다. 혹자는 5000여 년 전 유물에서 훠궈 솥의 원형을 알 수 있다 하고, 혹자는 4000년 전 상주商周시대 청동정青銅鼎에서 훠궈의 기원을 찾기도 한다. 그러나 역사적으로 가장 이른 기록은 우리가 잘 알고 있는 『삼국연의』의 시대적 배경

원앙훠궈. 위는 사천식 홍탕, 아래는 닭고기 육수로 만들었다. ⓒ 권운영

인 삼국시대로 거슬러올라간다.

『위서魏書』의 기록에 따르면, 조비가 황제를 지내던 시기에 이미 청동으로 만든 훠궈 용기가 있었는데, 아직 보편화되지는 않았던 듯하다. 그러다 남북조시대 들어 『북사北史』에 이런 기록이 남아 있다. "요遼라는 이민족이 청동으로 용기를 만들었는데 입구가 크고 하단이 널찍한 동찬銅爨으로, 얇고 가벼워서 음식을 쉽게 익힐 수 있다." 아마도 이것이 훠궈에 대한 가장 이른 구체적 기록일 것이다. 중국 북방 지역은 매우 추워 당시에는 솥에 물을 넣고 끓여서 돼지, 소, 양, 닭, 생선 등을 익혀 먹었다. 이런 조리법은 점점 발달해 각양각색의 훠궈로 발전했는데, 당대唐代 시인 백거이의 작품 「유십구에게 묻다問劉十九」에서도 훠궈에 대한 기록을 찾을 수 있다.

　푸른 거품 이는 새로 빚은 술

　붉은 진흙의 작은 화로

　날 저물고 하늘엔 눈 내리려 하니

　술 한잔하지 않으려는가?

시에서 '붉은 진흙의 작은 화로紅泥小火爐'가 우리가 알고 있는 훠궈 솥인 것이다. '훠궈'는 요리 이름이기도 하지만, 원래는 그 요리를 담은 용기를 가리키는 말이기도 했다. 새로 빚은 술과 붉은 진흙으로 만

훠궈 재료가 익어가는 모습 ⓒ 권운영

든 작은 화로를 앞에 놓고 훠궈를 안주 삼아 친구와 술 한잔 기울이려
는 순간의 그 풍경이, 훠궈를 앞에 둔 요즘 사람들의 모습과 크게 다르
지 않을 듯하다.

　18세기 말에는 건륭제가 강남 지역을 여러 차례 방문한 일화가 유
명하다. 그때 건륭제는 가는 곳마다 훠궈 잔치를 열어 훠궈를 즐겨 먹
었다 한다. 그리하여 청대에는 훠궈가 더욱 유행하게 됐고, 그 풍토는
오늘날까지 이어지고 있다.

　현대에 와서는 훠궈의 품종도 맛도 다양해졌다. 북경에는 양고기
훠궈, 사천에는 모두毛肚훠궈 등이 있다. 특히 모두훠궈는 홍탕훠궈라

고도 하는데, 색이 짙고 국물 향이 진하며 마라의 맛도 깊어서 더욱 유명하다. 이제는 백탕, 홍탕에서 더 나아가 토마토탕을 베이스로 한 훠궈까지 유행할 정도로 훠궈의 종류도 다양해지고 맛도 풍성해졌다.

보글보글 끓는 국물에 구둥구둥 맛스러운 소리

청대 기록에서 훠궈라는 명칭이 기록되기 전까지는 훠궈를 가리키는 다양한 명칭이 등장했는데 그중에서도 고둥갱古董羹이 유명하다. 혹자는 골둥갱骨董羹이라고도 한다. 중국어 발음은 '구둥'으로 동일하다. 구둥은 보글보글 끓는 국물에서 나는 '구둥구둥' 하는 소리를 따서 만든 말이고 '갱'은 탕국을 뜻하는 말이다.

　훠궈 집에 들어가 자리에 앉고 나면 다들 깨알같이 쓰인 주문판을 보며 자신이 좋아하는 재료를 열심히 고른다. 요즘은 많은 곳에서 태블릿 PC로 사진을 보면서 주문을 하지만, 아직은 처음 훠궈를 먹기 시작했을 때 하나씩 표시해서 적어 내던 종이 메뉴판이 더 익숙하다. 그때는 갱지에 식재료가 빼곡히 인쇄돼 있었는데 매번 먹는 것만 먹을 수 없다고 생각해 식당에서 메뉴판을 받아다 기숙사에서 하나하나 사전을 찾아가며 공부했다. 자그마치 300가지가 넘는 식재료에 숨이 막힐 지경이었다.

　그렇게 한참 동안 메뉴판을 들여다보고 나면 불을 켜고 국이 끓을 때까지 기다려야 한다. 그 시간이 가장 고통스럽다. 태극 모양으로 갈라진 휘궈 냄비에 담긴 백탕과 홍탕 위로 김이 올라오다 밀도가 높은 홍탕부터 끓기 시작한다. 보글보글 기포를 내며 끓어오르는 국물에 식재료를 하나하나 넣고 익어가는가 싶을 때 소리를 잘 들어보면, 정말 구동구동하고 끓어오르는 것 같다. 보글보글하는 소리보다 묵직한 그 소리에 입맛도 더 살아나는 느낌이다.

휘궈와 마라휘궈

휘궈를 사천 음식으로 알고 있는 사람이 많다. 그래서 우리나라 휘궈집에는 중경휘궈, 사천휘궈 등 지역색을 드러내는 상호가 많이 등장한다. 그러나 휘궈는 크게 남방 휘궈와 북방 휘궈로 분류할 수 있다. 즉 사천 고유의 것만은 아니라는 뜻이다.

　남방 휘궈로는 중경휘궈와 성도휘궈가 대표적이고, 탕의 종류에 따라 모두휘궈, 청탕휘궈, 원앙휘궈 등으로 나뉜다. 청탕휘궈는 사천식의 하나지만 홍탕처럼 육수의 색깔이 빨갛지 않고 사골육수 빛이 난다. 주원료로는 소고기, 돼지고기, 천엽이나 오리 창자 등이 있으며 여기에 여러 가지 채소를 같이 넣고 끓인다. 원앙휘궈는 모두휘궈, 청탕휘궈와 함께 사천식 휘궈다. 우리가 보통 알고 있는 홍탕과 청탕을 태극 모양으로 반반 나눠서 끓이는 것을 원앙휘궈라고 한다. 남방 휘궈는 광동, 호남, 호북, 상해, 안휘 지역 훠궈까지 포함하기 때문에 그 재료가 육류에서 해산물까지 다양하고 탕의 맛도 다채롭다.

북방 훠궈로는 동북 지역과 북경 지역 훠궈가 대표적이다. 서태후가 좋아했다는 국화훠궈도 북방 훠궈에 포함된다. 맛과 재료, 기능에 따라 전통식 훠궈와 약선훠궈로 나뉘기도 하는데 약선훠궈는 보기만 해도 건강해질 것 같은 건강 재료가 가득 들어가는 것이 특징이다. 요즘은 창신創新 훠궈를 다양하게 개발하고 있다. 탕국 대신 토마토탕이나 죽을 쓰는 등 다양한 시도가 눈에 띈다.

훠궈의 종류가 이렇게 다양한데, 요리법도 다양해 쇄涮, 난暖, 평저平底, 철판소鐵板燒, 냉冷, 건乾 등 여섯 가지로 나뉜다. 중국어 발음은 순서대로 쏸, 놘, 핑디, 톄반사오, 렁, 간이다.

마라훠궈는 주로 중경 지역에서 기원을 찾을 수 있다. 중경은 중국의 3대 화로라고 불릴 만큼 더위가 기승을 부리는 곳이다. 중경훠궈의 기원이나 역사를 말해주는 확실한 기록은 없지만 중국에서도, 세계 어느 나라에서도 중경훠궈라는 상호는 압도적으로 많다. 훠궈가 중경의 특산품이라고 해도 과언이 아닐 정

매운맛이 상상 이상이지만
젓가락질을 멈출 수 없는
마라훠궈 ⓒ 권운영

쇄 | 涮	얇게 썬 편육 등을 끓는 국물에 살짝 담갔다 데치듯 익혀 먹는다.
난 | 暖	마码궈라고도 한다. 배추와 면을 아래에 깔고 그 위에 각종 고기나 죽순 등을 넣어서 따뜻하게 끓여먹는다.
평저 | 平底	우선 각종 원료를 얇게 썰어 채소를 넣고 끓인 후, 여러 가지 식재료를 넣어 끓여먹는다. 끓일 때, 맛이 진한 조미료를 넣어 먹는 것이 특징이다.
철판소 | 鐵板燒	겉보기에 평저궈와 크게 다르지 않다. 사용하는 도구의 모양이 네모나거나 철판 모양과 비슷한 것이 특징이다. 또한 불을 잘 조절해야 맛을 살릴 수 있다.
냉 | 冷	차게 먹는다는 뜻이 아니라, 먼저 요리된 주재료를 먹고 다시 끓여 다른 재료를 넣어 먹는다는 개념이다. 주재료로 닭, 토끼, 개구리 등이 있다.
건 | 乾	마라샹궈처럼 재료의 물기가 없게 먹는 것을 말한다. 하나의 재료만으로도 조리할 수 있다는 점이 특징이다.

훠궈 요리법 여섯 가지

대만의 오래된 석과石鍋훠궈 집에서 재료를 골라놓고 기다리고 있다. 석과는 훠궈에 쓰는 여러 가지 솥 중 돌솥을 가리킨다. 위 훠궈는 석과에 철판소 요리법을 가미한 석과훠궈다. ⓒ 권운영

석과에 채소와 고기를 넣고 살짝 볶은 후
육수를 붓고 육수가 끓으면 다양한 재료를
넣어 먹는다. ⓒ 권운영

도다. 훠궈의 기원이 중경은 아닐지 몰라도 마라훠궈는 중경에서 시작됐다고 할 수 있다. 특히 사천성 자공自貢 지역에서는 물소의 내장을 어떻게 먹을까 고민하다 내장을 깨끗이 씻어 마라 향이 묵직한 홍탕에 끓여 먹었다. 얼얼하니 마麻하기도 하고 매콤해 라辣하기도 한 사천 마라훠궈는 바로 물소의 내장을 마라 국물에 익혀 먹었던 중경의 모두훠궈에서 그 근원을 찾을 수 있다. 마라훠궈가 어느 지역에서 시작되었든 확실한 것은, 중국인은 마라 국물에 고기나 생선 등 다양한 식재료를 넣어서 먹으면 재료가 마라의 독특한 향과 어우러지면서 특히 더운 날씨에 이열치열로 더위를 이겨내게 한다고 믿었다는 것이다. 이 때문에 사천·중경 일대의 마라훠궈는 지금까지도 대단한 사랑을 받고 있다.

마라'탕'에 담긴 뜻

마라훠궈가 사천 일대의 사랑받는 훠궈의 한 종류라면, 중국 전역에서 혼밥족들에게 사랑받는 훠궈의 축소판 마라탕을 빼놓을 수 없다. 마라탕의 기원은 장강 유역으로 거슬러올라가는데, 멀리 나온 뱃사공들이 간단히 따뜻하게 먹은 음식으로 알려져 있다. 성도에서 삼협으로 이어지는 강 유역은 멋진 절경을 자아내지만 그만큼 위험한 곳이기도 하다. 이곳을 지나는 뱃사공들은 잠시 배를 정박하고 주위 나무 등을 모아 불을 지피고 탕국물에 온갖 재료를 넣어 마라탕을 끓여먹으며 한기와 습기를 쫓았다. 마라탕은 강기슭을 따라 빠르게 퍼져나갔고, 결국 그들이 다니는 부둣가에 마라탕 집이 생겨나기 시작했다. 지금 마라탕은 강변은 물론이고 도시에서도 쉽게 찾아볼 수 있는 먹거리가 되었다.

　그런데 어느 날 마라탕을 먹다 문득 이런 의문이 들었다. 마라탕에서 '탕'은 왜 탕湯, 국이 아니고 탕燙, 뜨겁다일까? 여러 중국 친구에게 물어보고 자료를 찾아도 나오지 않던 것을 최근에서야 겨우 알게 되었다. 마라탕에서의 탕燙은 뜨겁거나 화상을 입는다는 뜻이 아니라 바로 요리법의 한 가지다. 탕이란 요리법은 잘 자른 원료를 뜨겁게 끓는 탕국이나 홍탕에 넣고 익히는 방법을 뜻한다. 우리나라 사람들이 보기엔 재료를 끓는 탕국에 넣고 데치는 느낌이 들 법한 그런 요리법이다. 그래서 마라탕은 매운 국물을 뜻하는 것이 아니고 마라 국물을 끓여서 재료를 익혀 먹는 요리라는 뜻으로 볼 수 있다. 게다가 마라탕은 취향과 개성이 다양한 현대인이 스스로 재료도 고르고, 매운 정도도 조절할 수 있어 남녀노소를 불문하고 사랑받는다. 서양에서는 훠궈를 핫포트로, 마라탕을 스파이시 핫포트Spicy Hot Pot로 부르는데, 요즘 들어 훠궈 집과 마라탕 집이 점점 늘어나는 추세다.

다양한 재료와 소스, 골라 먹는 즐거움

훠궈를 먹기 위해서든 마라탕을 먹기 위해서든 탕국에 넣어 먹을 재료는 스스로 선택해야 한다. 익숙해지면 골라 먹는 즐거움을 알 수 있지만 처음에는 매우 어렵고 꽤 시간이 걸린다.

훠궈를 예로 들면, 우선 기본 육수鍋底부터 선택해야 한다. 가장 흔한 육수로 백탕과 홍탕을 반반 섞은 원앙훠궈를 들 수 있다. 그러나 이 역시 그렇게 단순하지만은 않다. 백탕에는 닭고기 육수, 사골 육수, 버섯류나 채소류 탕국 등 종류가 다양하다. 홍탕도 조금 매운맛부터 아주 매운맛까지 매운맛 정도를 취향에 따라 선택할 수 있다. 게다가 요즘에는 육수를 세 가지나 네 가지까지 선택할 수 있는 식당도 생겨 홍탕, 사골 백탕, 버섯탕, 토마토탕 혹은 약선탕 등을 혼합해 다양한 맛을 즐길 수 있다. 이에 비해 마라탕은 넣을 재료만 잘 선택하고 육수는 매운 정도만 선택하면 되므로 비교적 간단하다.

육수 선택이 끝나면 이제는 채소, 고기, 완자, 만두, 두부, 면 등을 선택해야 한다. 채소는 보통 여러 가지 모아놓은 것을 시키지만 취향에 따라 배추, 청경채, 쑥갓, 미나리, 모닝글로리, 얼갈이, 고구마, 감자, 호박, 무, 동과 등을 개별 선택할 수 있다. 채소와 더불어 갖가지 버섯도 추가해준다. 팽이버섯, 송이버섯, 목이버섯, 느타리버섯 등 버섯의 종류가 이렇게 다양한지 다시 한번 감탄하게 될 것이다.

고기도 돼지고기, 소고기, 양고기, 해산물 등 종류별로 있다. 특히 진한 홍탕을 베이스로 하는 모두휘궈나 마라휘궈를 먹을 때는 소고기나 돼지고기의 부속물인 곱창, 대창, 천엽 등을 넣어서 익혀 먹어보는 것도 좋다. 재료만의 식감이 살아 있으면서 불쾌한 냄새가 나지 않을 뿐 아니라 감칠맛이 더해져 끓임없이 먹을 수 있는 마법을 경험하게 된다. 고기도 부위나 숙성 방식에 따라 종류가 다양한데, 맥주나 와인에 숙성시킨 고기부터 생고기까지 취향에 따라 먹을 수 있다. 다만 고기마다 특유의 향이 있어서, 보통은 해산물이나 소고기부터 시작해 양고기로 마무리한다.

휘궈에서 빼놓을 수 없는 재료는 완자다. 완자는 고기완자부터 해산물 완자까지 다양하다. 냉동 완자가 많지만 신선한 식재료로 만들어 그날그날 내놓는 수제 완자도 있으니, 맛도 모양도 다양하게 선택할 수 있다. 여기에 일반 교자餃子부터 계란과 새우 등을 주재료로 만든 단교蛋餃(단자오. 만두피를 달걀로 만듦)와 하교蝦餃(샤자오. 새우를 으깨 만두피로 돌돌 말아놓음) 등 여러 만두를 추가하면, 색감도 살고 맛도 풍부해져 끓이면 끓일수록 국물맛이 진해진다.

두부도 잊어선 안 된다. 두부는 평상시 자주 먹는 모두부부터 얼려 먹어 영양가가 더 높고 다이어트에도 좋다는 동두부凍豆腐, 다양한 크기와 모양의 두부피豆腐皮, 건두부乾豆腐 등이 있다. 모두휘궈에서 빠질 수 없는 식재료다. 이렇게 여러 가지 재료를 혼합해 오랜 시간 끓이면서 먹다보면, 국물 맛이 말할 수 없이 진하고 깊어진다. 휘궈가 오랫동

안 보양식으로 사랑받아온 이유는 바로 다양한 재료를 넣고 오랜 시
간 끓여서 마시는 이 국물의 높은 영양가와 깊은 맛 때문일 것이다.

이런 진한 국물에 추가해야 할 재료가 있다면 바로 면류다. 한국에
서는 훠궈를 먹을 때 우동 면이나 칼국수 면을 넣는 경우가 많지만, 훠
궈에는 다양한 굵기의 면과 당면粉류 등 여러 가지 면을 선택해 맛볼
수 있다. 배가 불러 이제 더이상 먹을 수 없을 것 같은데도 주식을 먹지
않았다는 이유로 계속 당면粉絲을 시켜 먹는 자신을 발견하기도 한다.

훠궈집에서 가장 어려운 코스는 바로 개인 소스를 선택하고 배합
하는 단계다. 쭈뼛쭈뼛하면서 자기 소스를 만들러 나가지만 뭐가 뭔
지 몰라 지켜보다 앞사람 따라서 만들어온 소스가 입맛에 맞지 않았
던 경험은 훠궈 입문자라면 누구나 한번쯤 있을 것이다. 그러나 소
스 몇 가지만 기억하고 그날의 구미에 따라 원하는 맛을 조합하면 실
패를 피할 수 있다.

우선 가장 기초가 되는 장을 정해야 한다. 한국인은 보통 마장麻醬이
나 간장을 선택한다. 마장은 보통 깨장이라고도 하는데 약간 어두운
갈색을 띤다. 사람들은 마장을 땅콩장인 화생장花生醬과 헷갈려 하기도
하지만, 취향에 따라 선택하면 된다. 즉 보디감의 경중, 고소함의 정도
에 따라 결정할 수 있다. 다음은 말린 새우, 생강, 땅콩에 고추를 넣어
풀처럼 이긴 중국 남방의 조미료인 사차장沙茶醬이나 굴소스, 삭힌 두
부腐乳 등을 선택해서 주된 소스로 사용하거나 혼합할 수 있다. 이 밖

다양한 고기 재료. 같은 종류의 고기라도 숙성 방식에 따라 그 종류가 다르다. ⓒ 권운영

훠궈를 먹을 때는 취향에 따라 다양한 소스를 섞어서 만들 수 있다. 지나치지도 모자라
지도 않게 재료 본연의 맛이 살아나도록 소스를 배합하는 것이 핵심이다. 이렇게 만든
소스에, 맛깔스럽게 익힌 재료를 찍어 먹는다. ⓒ 권운영

에도 다양한 재료를 추가할 수 있다. 간 마늘, 파, 고수, 땅콩 가루, 식초, 참기름, 고춧가루, 달걀노른자 등의 재료를 잘 조합해서 입맛에 맞도록 적절히 배합한다. 다만 유의할 것은 선택한 육수와 주재료, 그리고 소스가 어우러져야 한다는 점이다. 소스 맛이 주재료의 맛을 넘어서 맛의 조화를 해치지 않게 욕심을 내려놓아야 한다. 훠궈는 이렇듯 육수부터 각종 재료와 소스까지 알면 알수록 골라 먹고 찍어 먹는 즐거움이 있다.

훠궈를 한 번 먹어본 사람은 훠궈라는 말만 들어도 훠궈 집의 자욱한 연기와 향기와 맛, 그리고 구둥구둥 끓어오르는 맛스러운 소리와 정겹고 즐거운 분위기를 떠올리며 입맛을 다신다. 오랜 역사 속에서 발전해온 훠궈는 앞으로도 변해가는 사람들의 취향과 입맛에 맞게 다양한 형태로 더 발전해나갈 것이다. 그러나 가까운 지인이 옹기종기 둘러앉아 뜨거운 탕에 각종 재료를 넣어 함께 익혀 먹는 정겨움에 맛, 소리, 향의 삼중주를 만끽할 수 있는 즐거움은 변함없이 그대로 남을 것이다.

권운영 ◆ 신한대학교 국제어학과 조교수
중국 화동사범대학에서 중국문학 전공으로 박사학위를 받았다. 중국고전소설, 한중비교문학, 한중비교문화 등 관련 분야를 연구하고 있다. 저서로 『관광 중국어 실무 1』『문화를 잇다 중국을 짓다』(공저) 등이 있다.

후식

後食

장원병

과거급제의 소망을 담은 과자

화상들이 모인 명동 거리의 중국 과자 가게 도향촌에는 장원병이라는 과자가 있다. 갖가지 견과류와 알록달록 말린 과일이 들어 있어 화려하고 큼직한 월병 옆에 쌓여 있는 동그랗고 자그마한 과자. 국화꽃 모양을 닮은 노르스름한 과자 위에는 크고 힘 있는 글씨체로 '장원狀元'이라는 글자가 돋을새김되어 있다. 한입 베어물면 고소한 계란 맛이 나면서 부드럽게 바스러지는 과자껍질 안에 찐득하고 검은 대추팥 소가 가득하다. 크기는 자그마한데 하나 먹고 나면 든든하게 배가 찬다.

서양 과자가 수분 함량이나 저장성, 크림 유무에 따라 생과자와 건과자로 나뉜다면, 중국의 전통과자는 만드는 방식에 따라 유지를 넣은 페이스트리 반죽을 기름에 튀겨낸 유소류油酥類, 밀가루와 설탕, 참기름, 깨 등으로 만든 반죽을 쿠키처럼 둥글게 빚어 굽는 혼당류混糖類, 월병처럼 껍질이 있는 과자에 시럽을 발라 윤기 나게 구운 장피류漿皮類, 화덕에 구운 노고류爐糕類, 찜솥에 쪄낸 증고류蒸糕類, 바삭한 페이스트리 껍질의 파이 같은 소피류酥皮類, 기름에 튀긴 유작류油炸類 등으로 분류된다. 장원병과 월병은 서양식 건과자, 즉 구움과자처럼 오븐에 구워낸 달콤한 껍질을 가진 과자다. 미식에 일가견이 있던 소동파는 "달을 베어먹는 것 같은 동그란 월병, 바삭함과 달콤함이 함께 있네. 묵묵히 그 맛을 음미하니 그리움의 눈물이 수건을 적시네"라는 시로 월병을 노래했고 여기 등장하는 송나라 때의 월병도 지금처럼 바삭한 껍질 속에 달콤한 소를 넣은 과자였음을 알 수 있다.

　오늘날 중국에서 장원병이라는 이름으로 불리는 음식은 사실 전혀 다른 두 가지를 가리킨다. 위에서 말한 동그란 과자 외에, 잘게 다진 고기나 야채 소 등을 밀가루 반죽 사이에 넣어 얇게 밀어 기름 두른 번철에 넓적하게 지져낸 일종의 전병도 장원병이라 부른다. 항주, 상해 등 중

북경 과자 가게 도향촌의 장원병(왼쪽 위)과 여러 가지 전통 과자. 밀가루 반죽에 대추 소를 넣어 꽃잎 모양으로 빚은 오른쪽 아래의 조화소棗花酥는 이슬람 전통 과자에서 유래된 것으로 알려져 있다. ⓒ 김수현

국 남방 지역에는 '장원병'이라는 상호를 달고 즉석에서 기름 두른 철판에 전병을 구워주는 노점이 지금도 많이 남아 있다. 그러나 일반적으로 장원병이라고 하면 주로 화병花餠 혹은 소병酥餅이라고도 불렸던 북송 이후의 월병과 같은 달콤한 과자를 일컫는다. 밀가루에 계란, 돼지기름, 설탕, 맥아당, 술 등을 넣고 반죽해 대추 소를 가운데 넣고 감싼 다음 꽃잎 무늬로 둘러싸인 '장원' 글자의 둥근 과자틀에 반죽을 잘 찍어내 뜨겁게 달군 화덕에 굽는 방식이 일반적이며 지역에 따라 대추 소에 호두 등 견과류를 섞기도 한다.

과거급제의 소망을 담아

장원병의 기원은 북송의 수도 개봉의 저잣거리로 거슬러올라간다. 매해 개봉에는 과거시험을 보러 모여드는 서생이 그득했다. 도시의 장사치들은 수험생의 불안한 심리를 겨냥해 장원급제를 기원하는 장원병이라는 이름의 과자를 고안해냈다. 비슷한 상술에서 태사병太師餅이나 진사고進士糕처럼 벼슬 이름을 붙인 과자도 등장했다고 한다. 개봉의 풍속과 도시 풍경을 상세하게 기록한 『동경몽화록』에 과자 가게가 모여 있는 골목 '과자항菓子行'에 대한 기록이 있다. 여기서 '과자'는 생과일과 말린 과일, 설탕이나 꿀에 절인 과일, 밀가루 과자 등을 총칭하며, 과자항은 과일과 과자류를 파는 가게가 모여 있는 골목이었다. 과거시험을 보러 온 서생들은 비싸고 진귀한 요리를 안주로 내놓는 고급 술집과 고기, 해물, 채소, 제철 과일과 견과류 등을 파는 노점, 저렴한 노상 주점과 야시장이 열리는 도시의 골목골목을 밤늦도록 누비다 이 과자항에 발걸음이 닿으면 장원급제를 시켜준다는 장원병도 반신반의하는 마음으로 몇 개쯤 사서 맛보았으리라.

　과거시험이 시작된 당나라 때부터 이미 장원병이 만들어졌다고 그 기원을 올려 잡는 사람도 있다. 장원병의 기초가 되는 월병 역시 당나라 때부터 만든 것으로 보인다. 서역에서 전래된 호병胡餅의 영향으로 월병이 등장했다는 이야기도 있고, 당 현종이 양귀비와 함께 중추절 달구경을 하면서 먹은 과자가 월병이라는 이야기도 전한다. 『낙중견문洛中見聞』에는 중추절에 그해 새로 과거에 합격한 진사들이 곡강연曲江宴을 벌일 때 당 희종僖宗이 월병을 상으로 내려주었다는 기록이 있다. 월병이라는 단어는 남송 오자목의 『몽량록夢粱錄』에 처음 등장하는데, "국화병, 매화병, 오인병五仁餅, 월병"을 시장에서 사시사철 바로 구입할 수 있다고 기록되어 있다. 이렇게 월병이 민간에 널리 보급되면서 월병과 비슷하지만 '장원'이라는 글자가 추가된 과자가 장원병이라는 이름으로 함께 만들어지기 시작한 것으로 보인다. 과거제도가 보편화되면서 장원급제를 기원하며 민간에서 유행한 다양한 '장원 문화' 중 하나인 것이다.

　청대 건륭 22년1757에 문을 열어 김용의 무협소설 『천룡팔부』에도

여러 차례 등장하는 소주蘇州의 유명한 음식점 송학루松鶴樓에서는 지
금도 바삭하게 구운 껍질 속에 달콤한 소가 가득 찬 장원병을 팔고 있
다. 건륭 연간 오吳 지방의 장원인 석운옥이 『소주부지』를 편찬할 때
이 가게의 과자를 사다 먹지 않은 날이 하루도 없었다는 이야기에서
장원병이라는 이름이 생겨났다고 한다.

이처럼 지역마다 자기네 장원병이 원조라며 몇백 년을 거슬러올라
가는 다양한 민간 전설을 내세우는 모습은 마치 같은 장원병이어도
지역마다 그 모양과 맛, 안에 들어가는 재료가 조금씩 다른 것과 비슷
한 이치다. 하지만 어떤 이야기에서든 가난한 서생과 그를 도와주는
마음씨 좋은 과자가게 주인이 등장해 고난 끝에 서생은 장원급제하고
합격을 가져다준 운수대통의 과자는 유명해져 불티나게 팔린다는 행
복한 결말은 대부분 비슷하다.

시골 마을의 요리사가 과거시험을 보러 가는 서생에게 만들어준 특
별한 비상식 '장원병'에 관한 이야기는 특히 흥미진진하다. 건륭 초,
과거시험에 합격한 수재가 아직 한 명도 나오지 않은 외딴 시골 마을
이 하나 있었다. 호수로 둘러싸여 험한 물길을 거치지 않으면 도시로
나가기도 쉽지 않은 이 마을에 매우 영리한 소년이 있어 마을 사람들
은 이 소년에게 큰 기대를 걸고 그의 과거시험 공부를 물심양면으로
도와주었다. 드디어 소년이 과거를 보러 가는 날, 사람들은 앞다투어
배를 준비하고 행장을 꾸리고 식량을 준비해주었다. 그때 어느 요리

사가 3일 밤낮으로 만들어낸 과자 하나를 주면서 "이 과자는 매우 특별한 것이니 정말 부득이한 상황이 아니면 먹지 말고 몸에 꼭 지니고 있으라"고 했다. 과거를 보러 떠난 소년은 거센 풍랑을 만나 호수 안을 장장 49일이나 표류하게 되었고 갖고 있던 식량이 모두 상해 먹을 수가 없었다. 그런데 요리사가 준 특별한 과자는 전혀 상하지 않은 상태였다. 소년은 그것을 먹고 목숨을 부지해 무사히 과거를 보러 갈 수 있었고 마침내 장원급제를 했다. 목숨을 구해준 과자를 잊지 못한 그는 금의환향하면서 요리사의 은혜에 보답하기 위한 선물을 준비했다. 붉은 비단을 꽃 모양으로 엮어 장식하고 건륭황제의 어필로 '장원병'이라는 금색 글자 세 글자를 새긴 과자 한 상자가 바로 그것이었다. 마을 사람들은 모두 요리사에게 절을 하며 감사 인사를 올렸고 그때부터 명절마다 요리사의 비법대로 과자를 만들어 귀한 선물로 주고받게 되었다. '장원병'이라는 이름도 여기에서 유래했다는 이야기다.

　청대 소설 『경화연』에도 해외무역을 가는 상인들이 항해를 위해 준비하는 특별한 비상식이 등장한다. 콩가루를 원료로 만든 이 비상식은 한 번 먹으면 며칠이고 허기를 느끼지 않으며, 습한 기후에도 잘 상하지 않는 것으로 묘사된다. 운하와 바닷길을 오가는 상인과 여행객들에게 배 안에서의 식량 조달은 매우 중요한 문제였다는 것을 알 수 있다. 과자 장인의 비법으로 탄생한 비상식이 험난한 뱃길에 조난당한 서생의 목숨을 구하고, 황제로부터 '장원병'이라는 이름을 하사 받아 마을 대대로 귀한 명절 선물로 전해졌다는 이 이야기에 등장하는 것은 소병酥餠, 즉 월병 계열의 바삭하고 달콤한 과자다. 기름과 설탕을 많이 써서 수분이 거의 없도록 단단하게 구운 중국 월병은 지금도 한 달 남짓이나 실온 보관이 가능하다.

좀더 소박한 식사 대용품 장원병 이야기도 들어보자. 과거시험을 준비하던 가난한 서생의 주린 배를 달래준 인심 좋은 가게 주인의 공짜 전병에 대한 이야기다. 여기 나오는 장원병은 앞에서 말한 장원병과 달리 절인 채소가 들어간 밀전병을 가리킨다. 항주의 어느 작은 마을에 총명하지만 집이 가난해 책 살 돈도 없던 한 서생이 있었다. 그는 다른 마을의 저명한 학자에게 글공부를 배우러 다녔는데 오가는 길에 객상들에게 차와 주전부리를 파는 작은 찻집이 하나 있었다. 이 가게는 특히 직접 만든 전병으로 유명해 전병을 만들자마자 순식간에 다 팔리곤 했다. 자식이 없던 가게 주인은 힘들게 공부하는 서생이 마음에 들어 그가 공부하러 가게 앞을 지나갈 때마다 안으로 불러 전병을 먹게 해주었다. 서생의 집안 형편이 좋지 못한 것을 알고 돈은 한 푼도 받지 않았다. 다른 손님들이 이유를 물으면 주인은 이 서생이 분명 장원급제할 터이니 돈을 안 받는 거라고 말하곤 했다. 후에 서생이 과거시험을 보러 가자 가게 주인은 노잣돈까지 두둑하게 준비해주었다. 서생은 정말로 장원급제를 했고, 금의환향하면서 이 전병 가게 앞을 지날 때 말에서 내려 가게 주인에게 절을 하며 감사를 표했다. 장원

18세기 프랑스 화가가 묘사한 북경 거리의 과자 행상.
『북경의 거리 행상들』중 일부, 프랑스국립도서관 소장. ⓒ게티이미지코리아

이 절을 한 전병이라고 소문 나자 가게의 전병은 불티나게 팔렸고, 사람들은 모두 이 전병을 '장원병'이라 부르게 되었다. 가게 주인이 전병 만드는 기술을 고향 사람들에게 전수해주어 이때부터 항주의 장원병이 전해 내려온다는 이야기다.

그림 속 과자 가게

과자 가게의 역사는 당나라 때까지 거슬러올라간다. 당나라 때 민간에 이미 과자를 전문으로 만드는 기술자들이 있었고 수도 장안에는 과자만 취급하는 점포들이 있었다. 앞서 살펴본 것처럼 송대 저잣거리에도 과자 가게가 모인 골목을 따로 과자항이라는 이름으로 부를 정도로 민간의 과자 산업은 크게 융성했다. 그렇다면 옛날 과자 가게는 어떤 모습이었을까?

청나라 건륭제의 강남 순행을 기록한 〈건륭남순도乾隆南巡圖〉에는 강남의 과자 가게를 묘사한 장면이 등장한다. 여러 칸으로 된 과자 진열장에는 네모반듯하게 정리된 각종 과자가 보기 좋게 쌓여 있고, 회색 옷을 입은 중년의 여주인이 지키는 계산대에는 알록달록하고 화려한 과자들이 잔칫상의 고임과자처럼 커다란 소반에 푸짐하게 담겨 있다. 연두색 옷을 입고 가게 문간에 서 있는 나이 어린 점원은 손님을 기다리는 듯 길거리로 시선을 보내고 있다. 판매하는 과자 품목이 여러 개

북경의 과자 가게 도향촌. 1895년 청대 광서 연간 남경 출신 과자 기술자 곽옥생이 창립한 북경 도향촌은 북경 최초로 남방식 과자와 가공육을 제조, 판매한 곳으로 유명하다. 지금은 전통 과자뿐 아니라 진공 포장된 북경식 오리구이나 이과두주, 과일로 만든 중국식 젤리 등 다양한 북경 특산품을 판매하며 연 40억 위안에 달하는 매출을 올리고 있다. '벼 익는 향기가 풍기는 마을'이라는 뜻의 도향촌稻香村은 청대 소설『홍루몽』에서 주인공 가보옥의 형수인 과부 이환이 머무르는 저택의 이름이기도 하다. 소주 도향촌 점주의 조부가『홍루몽』을 특히 좋아했다는 이야기도 전해진다. 도향촌은 루쉰이 북경에 있을 때 자주 들렀다고 알려져 있으며『루쉰일기』에도 10여 차례 언급된다. 북경 도향촌과 1773년에 창립된 소주 도향촌은 과자에 표기하는 상호명을 두고 2018년 거액의 손해배상금이 걸린 법정 분쟁을 벌이기도 했다. ⓒ 김수현

의 작은 나무판에 간판처럼 걸려 있는데 그중에 장원병이 있다. 잣을 넣은 송자병松子餠이나 약용식물인 축사밀縮砂蜜의 씨앗을 쌀가루, 설탕과 버무려 만든 사인고沙仁糕, 박하를 넣은 묵의 일종인 박하고薄荷糕 등 다른 여러 이름이 함께 걸려 있는데 이것들이 단순히 재료의 이름을 붙인 과자라면, 장원병과 태사병, 진사고처럼 관직 이름을 딴 과자는 요즘의 시험 합격 엿이나 합격 떡같이 장원급제와 벼슬길의 영화로움을 바라는 소망을 담고 있다고 할 수 있다.

태사병은 원래 상나라 주왕의 태사 문중聞仲이 발명한 것이라고 전하는데, 병사들이 행군할 때 식량으로 쓰려고 만든 단맛 나는 과자라고 하며 중국 월병의 시조로 여겨지기도 한다. 밀가루와 설탕, 기름, 꿀에 절인 계수나무 꽃과 호두, 삼씨麻仁 등의 견과류로 만든다. 페이스트리처럼 파삭파삭하며 다갈색의 둥글납작한 모양을 하고 있다. 진사고는 장원병처럼 북송 개봉에서 유래된 과자라고 하는데, 만드는 방식은 장원병과 비슷하지만 대추 소 대신 동과冬瓜, 청매靑梅, 살구씨桃仁 등을 으깨 만든 소를 넣는다는 차이점이 있다. 장원병처럼 진사고도 과자 위에 '진사'라는 글자를 틀로 눌러 새긴다.

청대 소주 지역의 수려한 풍광과 풍부한 물산을 그린 〈고소번화도姑蘇繁華圖〉에도 과자 가게가 등장한다. 두루마리 형태의 이 그림에는 각종 상점의 간판만 200여 개 등장하는데, 여기에는 장원병을 비롯한 여러 가지 과자 이름이 메뉴판처럼 걸려 있는 과자 가게도 그려져 있

다. 메뉴에 등장하는 이름 중 유락소乳酪酥는 우유를 술로 굳혀 만든 푸
딩의 일종이고, 금목서 꽃을 증류해서 만든 계화로桂花露도 눈에 띈다.
옥로상玉露霜이란 이름도 보이는데, 이는 설탕과 말린 박하, 도라지 가
루, 하눌타리 뿌리 가루, 쌀가루와 깨, 콩기름 등을 다식처럼 굳혀 만
든 것이다. 건륭황제가 맛보고 마음에 들어해 황실 진상품이 되었다
는 옥로상은 만드는 방법이 복원되어 최근 상해 보산寶山 지역의 비물
질 문화유산으로 지정되기도 했다.

과자 한 조각으로 꿈꾸는 달콤한 부귀영화

예나 지금이나 시험공부로 머리를 많이 써야 하는 수험생에게는 달콤
한 간식이 최고의 선물이었던 듯하다. '복福', '희囍', '수壽', '장원' 등 길
상을 의미하는 글귀를 떡이나 과자 위에 새겨 입에 집어넣는 행위에
는 간절한 주술적 의미가 담겨 있다. 하나만 먹어도 든든한 이 과자는
과거시험을 보러 먼 길 떠나는 서생들의 행장 속에서 쉽게 상하지 않
고 오랫동안 버티는 비상식 역할도 했다. 지금도 장원병은 중국의 대
입시험인 가오카오高考를 앞둔 수험생이나 명절날 친지와 친구끼리 주
고받는 선물로 인기 있는 품목이다.

　2018년 복건성 하문廈門에서 발행된 신문에는 청나라 말기에서 중
화민국 초기 즈음의 장원병을 재현해냈다는 기사가 실렸다. 이 장원

북경 도향촌의 진열장에 쌓여 있는 장원병. 장원병 옆에는 밤 과자와 녹두 과자가, 위 칸에는 보라색 타로 과자와 연두색 말차 과자가 나란히 진열되어 있다. 오래된 상점들이 모여 있는 대책란大柵欄과 전문前門 거리에도 여러 개의 지점이 있는 북경 도향촌은 자금성과 천안문광장을 둘러본 중국 여행객들이 마지막 일정으로 들러 고향 친구와 친지들에게 줄 기념품을 한아름 사는 곳이기도 하다. 과자는 투박한 밀가루 맛이 강해 섬세한 달콤함과는 거리가 멀지만, 중국 각지에서 수도 구경을 온 여행객들에게는 특별한 '북경의 맛'이다. 제일 잘 팔리는 유명한 과자 여덟 가지를 화려하게 포장한 '경팔건京八件'이라는 선물 세트가 유명하지만, 진열장에서 마음에 드는 과자를 낱개로 골라 무게를 달아 구입할 수도 있다. ⓒ 김수현

병은 거북 모양 전통과자 틀인 귀과인龜粿印과 각종 월병 틀을 1000여 점 이상 모은 골동품 수집가가 소장하고 있던 오래된 과자 틀을 지름 15센티미터로 확대 복각해 만든 것이다. 이 장원병 위에는 장원급제를 한 서생이 어사화를 꽂은 관모를 쓰고 말을 타고 악단과 시종들을 거느리고 금의환향하는 장면을 세밀하게 새겨냈다. 크기는 보통 월병의 서너 배쯤 된다. "봄바람에 득의하여 말발굽 소리 경쾌하니, 하룻밤 새 장안의 꽃을 모두 보았네"라는 당나라 맹교의 시 「등과후登科後」의 한 구절을 과자 상자에 새기고, 과자 반죽에는 버터와 치즈를 넣어 언어유희로 '지식(중국어로 치즈芝士와 지식知識은 발음이 비슷하다)'이 들어 있음을 상징했다. 선물 상자 안에는 과거시험 합격통지서 모양을 한 붉은 종이로 된 첩보捷報를 넣어 장원병을 선물받는 사람의 이름을 적을 수 있게 했다. 그야말로 받는 이의 마음을 세심하게 헤아리는 합격 기원 선물이다.

후대로 가면서 장원병은 장원급제뿐 아니라 행운과 부귀영화를 상징하게 되었다. 복건과 대만 일대에서는 지금도 중추절이면 일종의 주사위 게임인 중추박병中秋博餠 놀이를 한다. 이 놀이를 하며 한 해의 운수를 점치는데, 이때 1등 상품이 바로 장원병이다. 이것은 복건 지역 서생들이 중추절에 모여 커다란 과자 한가운데 붉은색을 칠해놓고 주사위를 굴려서 등수를 매겨 과자 추첨 놀이를 하며 장원급제를 빌던 풍습에서 비롯됐다고 한다. 청대 광서 연간 하문 거인擧人 왕보섬王

步蟾의 『노문잡영鷺門雜詠』 시에서도 "새로 산 월병을 놓고 한자리에 모여 주사위를 집어들고 장원의 패를 다투어 뽑네"라는 구절이 장원병 놀이를 묘사한다.

중국에서는 인생의 네 가지 기쁨이 "오랜 가뭄 끝에 만나는 단비, 타향에서 마주친 오랜 벗, 동방화촉을 밝히는 밤, 그리고 과거시험 합격자 명단에 이름이 오르는 데 있다"고 말한다. 내 삶의 장원이 되는 날을 꿈꾸던 사람들의 오랜 소망이 담긴 이 달콤한 과자를 한번 맛보는 것도 고단한 인생의 작은 기쁨이 될 것이다.

김수현 ◆ 고려대학교 중국학연구소 연구교수

고려대학교 중어중문학과를 졸업하고 베이징대학에서 중국고대문학 전공으로 박사학위를 받았다. 고려대학교 중국학연구소 연구교수를 거쳐 지금은 고려대학교 교양교육원 초빙교수로 재직하며 인문고전강독과 교양중국어 강의를 하고 있다. 명청대 출판문화와 책 속의 그림, 그림 속 기물을 연구하며 여러 편의 관련 논문을 썼다. 공저로 『동아시아 문학 속 상인 형상』이 있고 『중국문학 속 상인 세계』를 공동 번역했다.

광동당수

첫사랑의 설렘

중국 전통사회에서 당수糖水는 차와 다른, 남녀노소 누구나 즐기는 서민적인 음식이었다. 그 당시엔 오늘날의 당수만큼 다양한 재료를 넣어서 만든 것이 아니었다. 달콤한 물에 약간의 재료를 넣어 맛을 내는 정도거나, 차가운 얼음에 설탕이나 유제품, 기타 부재료를 가미해 만들기도 했다. 소박하긴 해도 단맛은 언제나 기분 좋은 감정을 불러일으킨다. 특히 생업으로 바쁘게 살아가던 당시 사람들에게, 당수 한 그릇은 잠깐 휴식과 여유를 즐기게 해주었다. 저잣거리에서는 당수 파는 이를 흔히 볼 수 있었으며, 사람들은 길거리에서 당수장수를 찾거나 가게며 찻집 안으로 불러들여 시원한 단물 한 그릇으로 일상의 쓰고 신 고단함을 풀기도 했다.

사랑의 디저트

중국 고전소설에도 당수가 종종 보이는데, 당수는 남녀 간의 사랑을 엮어주는 징검다리 역할을 하기도 했다. 첫 만남의 어색하고 긴장된 상황을 단숨에 녹여버리는 달콤한 사랑의 묘약. 명나라 풍몽룡이 편찬한 통속소설『성세항언醒世恒言』14권「떠들썩한 번루에 정 많은 주승선鬧樊樓多情周勝仙」에서는 주승선과 범이랑範二郎의 첫 만남 자리에서 당수를 통해 두 사람이 서로에게 느끼는 호기심과 각자의 내력을 은근슬쩍 보여준다.

　송나라 휘종 때 어느 초여름, 동경東京, 북송의 수도. 오늘날의 개봉에서 금명지金明池를 감상하던 주승선이 날이 더워 잠시 번루樊樓에 들른다. 그곳에서 번루의 주인 범대랑의 친동생인 범이랑을 만나는데, 두 사람은 서로에게 호감을 품지만 어떻게 표현해야 할지 모른다. '내가 만약 저런 청년에게 시집간다면 얼마나 좋을까?', '어떻게 그에게 말을 건넬까?', '아내가 있는지 물어볼까?' 마음속이 복잡했던 주승선은 마침 밖에서 당수장수의 소리를 듣고, 그를 번루 안으로 불러들인다. 그러고는 당수장수에게 단물 한 사발을 달라고 해 한 모금 마시더니, 그릇을 던

잡곡과 견과류를
곁들인 두부당수

져버리며 당수장수를 향해 크게 소리친다. "당신, 일부러 나에게 음흉한 수작을 걸다니! 내가 누군지 아느냐? 나는 누구의 딸이며, 이름은 무엇이고, 나이는 몇 살이고, 시집도 가지 않았다!" 그녀는 일부러 범이랑이 들을 수 있도록 자신의 내력을 분명하게 말한 것이다. 범이랑도 그녀의 의도를 눈치채고, 바로 당수장수에게 당수 한 그릇을 달라고 한다. 그도 당수를 한 모금 마시고는 그릇을 던져버리며, 당수장수에게 호통을 친다. "이놈, 나를 해코지하려고 하다니! 내가 누군지 아느냐? 나는 누구의 동생이며, 이름은 무엇이고, 나이는 몇이며, 활과 악기를 잘 다룬다. 아직 결혼도 하지 않았다!" 주승선은 그의 내력을 듣고 속으로 아주 기뻐했다. 둘 사이에 알 수 없는 기쁨의 전율이 흐르는 순간, 애꿎은 당수장수는 당수도 팔지 못하고 점원에게 쫓겨난다. 깨진 당수 그릇만큼이나 일진이 좋지 않은 당수장수에게는 슬픈 일이지만, 두 남녀에게는 사랑을 이룰 수 있는 절호의 기회를 제공한 것이다.

하지만 그의 고난은 여기서 끝나지 않는다. 주승선이 번루를 나가면서 그에게 마지막 일격을 가한다. "당신, 감히 나를 따라올 생각인가요?" 이 황당한 질문에 당수장수가 대체 뭐라고 대답해야 할지 고민할 사이도 주지 않고 그녀는 나가버린다. 이 말을 들은 범이랑은 그녀의 의도를 알아채고 몰래 그녀의 집 앞까지 따라 간다. 대담하고 당돌한 주승선의 기지가 놀라운 한편, 당황해했을 당수장수의 모습도 눈에

선하다. 한편 주승선과 범이랑은 여러 난관에 부딪혀 헤어지지만, 나중에 꿈속에서 귀신과 인간으로 만나 이승에서 못다한 사랑을 나눈다.

　당수를 마시다 고의로 엎지르는 대담함과 당돌함은, 달콤한 당수만큼이나 그들 사이의 분위기를 순식간에 환하게 만든다. 마치 첫사랑의 설렘과 감동을 달콤한 당수 한 그릇에 다 담아낸 듯. 이처럼 연인 사이에서 애틋한 사랑의 마음을 잘 대변해주는 것으로 당수만한 것이 없으리라.

부드럽고 달콤한 행복

둥그런 식탁 위에 잘 차려진 온갖 중국음식을 먹다보면 마지막에 으레 생각나는 디저트가 하나 있다. 딱히 어떤 음식이라고 콕 집어서 말할 수는 없지만, 한번 맛보고 나면 늘 머릿속을 맴도는 달콤하고 맛있는 음식. 더부룩한 배에 부담 가지 않으면서도 부드러운 맛. 먹으면 어쩐지 마냥 행복해질 것 같은 맛. 그 맛을 상상하는 이는 언제나 이것을 찾는다. 느끼함을 잡아주는 산뜻함, 짠맛과 신맛을 달래주는 달콤함, 맵고 뜨거운 맛으로부터 미각을 지켜주는 청량감, 바로 천상의 디저트 당수의 맛이다.

　중국음식은 열로 가열해서 뜨겁게 먹는 음식이 대부분이다. 그런데 당수는 지역에 따라 따뜻하게 데워먹기도 하지만 대부분 차갑게 조리

연밥, 토란떡을 곁들이고
말린 계수나무 꽃을 띄운
백목이버섯 당수

해서 먹는다. 그렇다고 혀가 마비되고 현기증이 일어날 듯한 얼음 같은 차가움을 선사하는 것은 아니다. 차갑고 부드러운 한 큰술의 달콤함은 뜨겁게 달구어진 혀를 순식간에 진정시키고, 미끄러지듯 목을 타고 넘어가는 유연함은 심장에 시원한 냉수를 한 그릇 붓는 듯하다. 혀끝을 촉촉하게 건드리며 지나가는 순한 단맛은 입안에 가득 퍼지는 향기와 더불어 새로운 맛의 세계를 보여준다. 풍부한 식재료가 어우러져 뿜어내는 빨갛고, 파랗고, 노랗고, 하얀 색. 투명과 반투명, 혹은 액상 혹은 고형으로 비칠 듯, 안 비칠 듯 쏟아내는 질감. 이렇게 다채로운 종류를 자랑하는 후식이 당수 말고 또 있을까?

당수의 기원을 찾아서

당수糖水는 한자 그대로 풀이하면 단물이다. 중국의 북방 지역에서는 한자 의미 그대로 물에 설탕을 녹인, 아무것도 넣지 않은 달콤한 물, 혹은 설탕물 그 자체를 가리킨다. 하지만 중국 남방 지역에서는 북방 지역의 첨품甜品, 즉 '달콤한 후식'과 같은 의미를 가진다. 당수가 첨품과 다른 점은, 딱딱하게 모양이 잡히지 않고 대부분 국과 수프처럼 걸쭉한 형태를 띤다는 것이다. 당수는 일반적으로 기본이 되는 국물 안에 각기 다른 식재료를 넣어서 최종적으로 완성한다. 그렇기 때문에 광동어로 "당수를 먹는다食糖水"고 하지, "당수를 마신다飮糖水"고 하지 않는다. 그렇다면 당수는 과연 언제, 어디서부터 먹기 시작했을까? 정확하게 알 수는 없지만, 역사를 거슬러올라가보면 이미 1000여 년 전부터 당수가 존재했다는 것을 알 수 있다.

　아주 오래전부터 중국인들은 뜨거운 음료를 '탕湯'이라 하고, 차가운 음료를 '수水'라고 불렀다. 당수의 기원은 차가운 음료에서 비롯되었고, 이는 얼음과 밀접한 관련이 있는 듯하다. 중국 상商나라 때는 겨울에 얼음을 저장했다가 여름에 사용한 적이 있고, 주周나라 때는 얼음을 채취하여 보관하는 관리가 있었다. 당唐나라 때는 수도인 장안에 이미 얼음을 전문적으로 파는 상인들이 생겨났다. 송나라 왕질의 『운선잡기雲仙雜記』에 따르면, "장안의 얼음 빙수는 여름에 이르러 가격이 금과 옥과 같았다". 당나라 말엽에 이르러 상인들은 얼음에 설탕이나 꿀, 향료를 넣어 손님을 끌어들이며 장사하기 시작했다. 이것은 오늘날 우리들이 알고 있는 건강음료와 유사한데, 당시 사람들은 이러한 음료를 '음자飮子'라고 불렀다. 단물에 과일이나 약재를 써서 맛을 낸 음자는 더운 날씨에 갈증을 없애주는 동시에 몸의 독소를 배출하는 효능도 있었다. 이 외에도 차가운 빙수와 죽의 형태로 만들어진 빙연 백합冰蓮百合, 연밥, 백합 뿌리, 구기자 등을 넣고 끓인 당수, 동릉죽冬凌粥, 동릉초를 넣고 끓여 차게 해서 먹는 죽제밥 등이 있었다.

송나라에 이르러서는 당수에 큰 변화가 생겼고, 그 종류도 더욱 많아졌다. 적두당죽赤豆糖粥, 팥을 넣고 단맛을 내 차게 해서 먹는 죽이나 빙소冰酥 같이 차게 해서 먹는 음식과, 침향수沈香水, 침향목을 우려내 독성을 제거한 음료나 감두탕甘豆湯, 검은콩, 감초, 생강 등을 넣고 끓인 탕과 같은 양수涼水가 널리 퍼지면서 누구나 즐기는 후식이 되었다. 북송의 대표 시인인 매요신의 시「낙양에서 사직한 장 비부의 정거원 네 방四堂에 부쳐寄題西洛致仕張比部靜居院四堂」에 빙소가 나온다.

때에 이르러 정원의 과일이 익어가는데,
단물이 오르고 겉에는 하얀 가루가 가득하네.
꽃가지를 가까이 만지작거리니 싱싱하고 아름답구나.
녹아내리는 빙소를 씹으며 그 맛을 음미한다네.

빙冰은 얼음이고 소酥는 소나 양젖으로 만든 일종의 유제품인데, 오늘날의 요구르트와 비슷하다. "빙소를 씹으며 그 맛을 음미한다"는 것은 얼린 요구르트를 먹는다는 의미다. 남송의 시인 양만리는「빙소를 노래하다詠酥」라는 시에서 직접 빙소를 예찬하기도 했다.

느끼한 듯하면서 상쾌해지고
얼어붙는 듯하면서 또 날아서 흩어지네.
백옥같이 흰 쟁반 아래에서 부서지는데
하얀 눈이 입에 닿아 녹아서 사라진다네.

　달콤하면서도 차가운 디저트가 입안에서 넣자마자 순식간에 녹아
없어지는 그 찰나의 행복과 아쉬움을 애틋하고 간절하게 표현했다.
북송의 얼음 빙수인 빙소와 비슷한 음식으로 빙락冰酪이 있다. 빙락은
소나 양의 젖에 과즙을 섞어서 차갑게 얼린 음식이다. 남송 때는 빙소
보다 빙락으로 자주 불렀으며, 오늘날의 얼린 요구르트나 아이스크림
과 비슷한 음식이다. 이러한 얼음 빙수 제조법이 원나라 때 마르코 폴
로에 의해 이탈리아에 알려져 오늘날의 아이스크림이 탄생했다는 이
야기도 있다. 빙소나 빙락은 이후 당수가 다양하게 변화해 얼음 당수
로 대중화되는 데 기초가 되었다.
　이 외에도 송나라에는 양수가 있었는데, 양수는 차게 해서 마시는
달콤한 음료로 당시 큰 인기를 얻었다. 어떤 학자는 양수가 지금의 당
수에 가장 가까운 원형일 것이라고 말하기도 한다. 송나라 문인 주밀
이 쓴『무림구사武林舊事』에 따르면, 당시 남송의 저잣거리에는 검은콩,
야자 즙, 금귤金橘, 여지荔枝, 고과苦瓜, 모과木瓜, 매화목, 침향목, 감초, 자
소엽紫蘇葉 등의 재료를 넣어서 만든 다양한 양수가 있었다고 전해진다.

또한 양수는 성스러운 제례에 사용되기도 했는데,『동경몽화록』에 따르면, 석가탄신일에 각종 향료를 넣고 달인 당수로 불상을 씻기는 행사를 했다고 한다. 이때 쓴 당수는 부처님을 목욕시킨 물이라고 하여 관람객에게 나눠주기도 했다.

또다른 학설에 따르면, 당수는 중국 고대 왕족과 귀족들이 연회가 끝난 후, 주로 소화를 돕고 미각을 보호하기 위해 즐겨 마셨는데, 이후 민간으로 널리 퍼졌다고 한다. 청나라에 이르자 왕궁의 여인들도 당수를 즐겨 먹는 습관을 가지게 되었다. 오늘날의 애프터눈 티와 비슷하다. 특히 청나라 때는 매실탕酸梅湯이 황궁을 풍미했는데, 매실탕은 건륭제의 사랑을 듬뿍 받았다. 아무튼 그 기원이 어떠하든, 기호 식품에 대해 사람들의 다양한 인식이 생겨나고 후식문화가 발달하면서, 당수는 세상에 더욱 널리 퍼졌다.

청나라 이후 당수는 중국 각 지역에서 서로 다른 형태로 발전했고, 지금은 광동,

유송년劉松年,
〈명원도시도茗園賭市圖〉,
대만국립고궁박물원 소장.

두부, 팥, 땅콩 등을
곁들인 대만식 얼음 당수

곤약, 귀령고龜蔘膏, 팥, 토
란떡 등을 곁들인
광동식 얼음 당수

광서, 홍콩, 해남, 마카오 등의 지역에서 유행하고 있다. 이들 지역의
따뜻하고 온화한 날씨, 풍부하고 다양한 식재료, 여유롭고 한가한 후
식문화가 한데 어우러져 당수의 보급에 큰 영향을 미친 것으로 보인
다. 이중에서 광동 지역 당수가 가장 유명한데, "세계의 당수는 중국에
있고, 중국의 당수는 광동에 있다"는 속담까지 있었다. 광동당수를 한
번 먹어보면 그 맛의 황홀함에 저절로 탄성을 지르게 된다.

약재와 음료의 환상적인 만남

중국음식 가운데 당수는 모양과 색, 재료가 매우 다채롭다. 만드는 방법과 먹는 방식 또한 매우 복잡하고 다양하다. 아마 이것은 한 가지 재료를 가지고도 수십 가지의 다른 당수를 만들 수 있고, 또한 다양한 재료가 한데 어우러져 있어 어느 것을 먼저 먹느냐, 어떻게 섞어서 먹느냐에 따라 맛이 달라지기 때문일 것이다.

광동당수의 재료에는 오늘날 우리가 말하는 웰빙이나 양생과 관련된 거의 모든 식재료가 포함된다. 주로 약재로 쓰이는 식물이나 뿌리, 콩류, 말린 과일이나 채소, 고구마, 호박, 연근과 같은 작물, 밀가루로 만든 음식이나 곡물류 등에 백설탕이나 얼음설탕을 넣고 끓여서 만든다. 광동당수는 일반적으로 탕을 위주로 녹두, 홍두紅豆, 고구마, 은행, 두부피, 연밥蓮子, 참깨, 호두 등을 주재료로 한다.

당수에 들어가는 재료는 각기 다른 효능을 가진다. 어떤 재료는 차갑게 하는 성질을, 또 어떤 재료는 열을 내게 만드는 속성을 갖고 있다. 주재료에 따라 각기 다른 보조재를 적절하게 배합한다. 그렇게 하면 서로 보완하고 조화를 이루는 효과를 거둘 수 있다고 한다. 당수는 뜨겁게 해서 먹을 수도 있고, 차게 해서 먹을 수도 있지만 식후에 차갑게 마시는 경우가 더 많다.

광동당수에 들어가는
다양한 약재

당수의 모양이나 형태가 다양한
데, 사람들은 계절에 따라 몸을 편
안하게 하고 수분을 보충해주는 각
종 당수를 찾는다. 여름에는 녹두
사緣豆沙로 더위를 식히고, 가을에는
연밥, 대추, 백목이버섯 등을 넣고
끓인 남북행첨탕南北杏甜湯을 푹 고
아 폐와 기관지를 부드럽게 하고,
겨울에는 흑미 찹쌀을 푹 고아 만

팥과 흑미紫米를
삶고 빙당氷糖으로
단맛을 낸 적두탕赤豆湯

든 흑나미黑糯米로 피를 보완하고 원기를 더한다. 그러나 광동 사람들
은 당수를 보양의 효능과 무관하게 단지 달콤함과 청량감만으로 즐
길 뿐인 듯하다. 사실 육체의 건강보다 더 중요한 것은 마음의 병을 없
애는 일일 것이다. 어느 나른한 오후, 지루한 일상에서 마시는 당수 한
그릇은 무엇보다 즐거운 기분을 가져다주는 나만의 '소확행' 아닐까.

연인을 향한 애틋한 마음

당수는 매우 다양한 맛을 낼 수 있지만 여전히 우리가 피할 수 없는 유
혹이자 행복 에너지의 원천인 달콤함을 안겨준다. 그렇기 때문에 달
콤하면서 촉촉한 맛을 내는 당수는 연인들 사이에서 서로 좀더 다정

하게 만드는 것으로 유명하다. 당수를 연인들 사이의 애틋한 감정과 관심으로 비유하는 것도 바로 이런 까닭인지 모르겠다. 영화 〈화양연화〉에서 주모운은 비를 맞고 감기에 걸려 열이 나는데, 소려진은 그가 흑임자죽이 먹고 싶다는 것을 알게 되자, 평상시에는 주방에 들어가지도 않았지만 그를 위해 큰 냄비 가득 흑임자죽을 끓여낸다. 손孫부인은 이상하게 생각했지만, 그녀는 얼버무리며 말한다. "어차피 끓였으니, 같이 먹어요!" 당수는 이처럼 사랑하는 사람들 사이에 걸쳐 있는 보이지 않는 애정이고 서로에 대한 따뜻한 마음이다. 당신에 대해 숨길 수 없는 감정, 바로 당신이 가장 먹고 싶어하는 흑임자죽을 끓이는 것처럼.

김명구 ◆ 명지대학교 중어중문학과 교수
부산대학교 중어중문학과를 졸업하고, 타이완국립정치대학에서 중국문학으로 석사학위를, 타이완국립사범대학에서 박사학위를 취득했다. 지금은 명지대학교 중어중문학과 교수로 재직중이다. 현재 중국소설과 문화 관련 연구를 진행하고 있으며, 문학 관련 저서를 우리말로 옮기는 일을 하고 있다. 주요 저서로『접속과 단절 — 중국 화본소설의 인간과 귀혼』『인물과 서사 — 중국 화본소설의 인물 관계와 인물 변화』, 역서로는『외롭고 쓸쓸한 사람 가운데』등이 있다.

반도 복숭아

여신의 디저트

蟠桃

중국의 여름은 황도黃桃, 백도白桃에서부터 반도蟠桃까지 여러 가지 복숭아를 맛볼 수 있는 계절이다. 그중에서도 납작한 모양의 반도는 8, 9월에 많이 나는데 아삭하면서도 달콤한 육질을 한입 베어 물면 한여름의 눅눅한 열기가 단번에 날아간다. 그래서 반도는 기름진 중국음식을 산뜻하게 마무리짓는 디저트로도 중국인의 식탁에 자주 오른다.

반도 ⓒ송정화

지금은 반도가 여름철에 먹는 평범한 과일이 되었지만 사실 반도는

중국에서 특별한 종교적·문화적 의미를 지닌다. 중국인들은 반도뿐
아니라 모든 종류의 복숭아를 즐겨 먹는다. 복숭아 모양으로 만든 음
식이나 디저트도 즐긴다. 예를 들면 복숭아 모양의 찐빵인 도자만두
桃子饅頭와 수도포壽桃包, 복숭아 모양의 케이크인 수도壽桃, 백수도白壽桃
등이 그것이다. 중국에서 반도, 즉 복숭아가 갖는 종교적·문화적 의미
를 찾아올라가다보면 우리는 다음 세 가지 의미를 만날 수 있다.

병을 치료하고 나쁜 기운을 쫓다

중국에서 복숭아는 오래된 신화서인『산해경』에 처음 보인다. 이 책에
서는 복숭아처럼 생긴 열매를 먹으면 근심이 사라지고 피부의 종기도
없앨 수 있다고 했다.『산해경』을 패러디한 한나라 소설『신이경神異經』
에서는 복숭아를 국에 섞어 먹으면 수명이 연장되고 씨를 먹으면 기
침이 낫는다고 했다.『산해경』과『신이경』의 기록으로 볼 때 고대 중
국인들에게 복숭아는 그저 달콤하고 맛있는 과일이 아니라 약용 식물
로 인식됐던 것 같다.

　이후 복숭아의 치병 효능은 사악한 기운을 막아주는 '벽사'의 주술
적 기능으로 확장된다. 이를 보여주는 것이 중국 신화에서 동이계東夷係
명궁수였던 예羿 신화다. 예는 하늘에 뜬 열 개의 태양 중 아홉 개를 쏘
아 맞춰 인류를 가뭄과 재난에서 구해낸 위대한 신이었다. 그런데 영

웅 신 예가 살면서 딱 두 번 잘못된 인연을 만났으니, 하나는 아내 항아이고 또하나는 제자 봉몽이었다. 어느 날 항아는 예가 서왕모로부터 구해온 불사약을 훔쳐 달로 달아나 두꺼비가 되었다. 그 바람에 예는 천상으로 복귀하는 데 실패하고 인간세상에 계속 머물러야 했다. 설상가상으로 예는 오랜 시간 자신을 시기해온 제자 봉몽이 휘두른 복숭아 지팡이에 맞아 유명을 달리한다. 예가 복숭아 지팡이에 맞아 죽은 뒤부터 복숭아는 온갖 귀신을 물리치는 벽사의 기능을 상징하게 되었다.

복숭아에 담긴 벽사의 의미는 비단 중국에서만 보이는 것이 아니다. 『조선왕조실록』의 「연산군일기」를 보면, 매년 3월과 8월에 전염병 귀신을 쫓는 의식을 치렀는데 이때 복숭아나무 칼과 복숭아나무 판자로 퇴마에 사용하는 도구를 만들었다는 기록이 나온다. 오늘날 제사상에 복숭아를 올리지 않는 이유도 같은 의미에서다. 복숭아가 젯밥을 드시러 오는 조상신들을 쫓아버린다는 것이다.

영원불멸의 유토피아

오늘날 중국과 일본에서 복숭아가 갖는 보편적인 상징 의미는 '장수'다. 대만의 유명한 딤섬 전문점 딘타이펑의 메뉴 중에는 지금도 복숭아 모양의 찐빵이 들어 있다. 또한 중국인들은 생일이 되면 장수를 기원하는 의미로 수도壽桃라는 복숭아 모양의 케이크를 사다 먹곤 한다. 일본에서도 복숭아는 길함을 뜻하기에 시장에서 복숭아 모양 어묵을 팔고 만주 가게 가판대에서는 복숭아 모양 만주가 심심치 않게 눈에 띈다.

중국에서 복숭아는 언제부터 생명력을 의미하게 되었을까? 중국 과보夸父 신화에서 그 연원을 찾아볼 수 있다. 거인 과보는 어느 날 해와 달리기 시합을 하기로 결심한다. 과보는 동쪽에서 해가 뜨자마자 해를 따라잡으려고 죽을힘을 다해 달렸다. 그러나 해가 금세 서쪽으로 져버려 과보는 안간힘을 써도 해를 따라잡을 수가 없었다. 과보는 결국 갈증을 이기지 못해 쓰러졌고 그가 분신같이 지니고 다니던 복숭아 지팡이는 땅에 뿌리를 내려 등림鄧林이라는 복숭아 숲으로 변했다. 해보다 빨리 달리고자 했지만 결국 죽고 만 과보는 복숭아나무로 부활해 마치 한풀이하듯 땅속의 물을 힘차게 빨아올렸다. 과보 신화에서 복숭아는 자연을 극복하고자 한 인간의 강한 의지와 생명력을 상징한다.

생명력을 상징하는 복숭아의 이미지는 이후 도교를 만나면서 주술

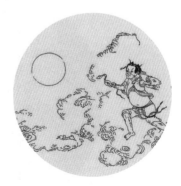

명대 장응호蔣應鎬의
『산해경도山海經圖』 중
〈해를 좇는 과보〉

복숭아 모양의 딤섬 ⓒ송정화

나가사키의 가판대에 진열된 복숭아 모양의 어묵 ⓒ김민호

적 의미가 강화되었고 예술적으로도 더 다양하게 표현됐다. 중국 사회에서는 전통적으로 유불도 삼교三教를 모두 조화롭게 수용했다. 일반적으로 사회를 유지하기 위한 규범과 준칙에서는 유교를 따랐고 신앙에서는 불교와 도교를 믿었다. 그중에서도 도교는 불사성선不死成仙, 즉 영원히 죽지 않고 신선이 될 수 있다는 독특한 믿음을 설파했다. 인간이라면 누구나 어느 순간 죽음을 맞닥뜨리는 것이 숙명이다. 시대를 막론하고 인간은 죽음을 극복해 궁극적으로 불사의 존재가 되고자 노력했고, 이러한 욕망은 예술적 상상으로 승화되어 구현되었다.

복숭아가 장수의 아이콘으로 본격 등장하는 것은 위진남북조 시기의 『한무내전漢武內傳』과 『한무고사漢武故事』라는 책에서다. 여기에서 복숭아는 죽음을 관장하고 불사약을 조제하는 여신 서왕모와 결합한다.

중국 최고의 여신 서왕모는 『산해경』에 처음 등장하는데, 호랑이 이빨에 표범 꼬리를 한 반인반수의 외모에 하늘의 재앙과 다섯 가지 형벌을 주관하는 무시무시한 이미지로 묘사되어 있다. 이후 전국시대에 지어진 『목천자전穆天子傳』으로 가면, 서왕모는 주나라 목왕과 만나 연회를 베풀고 술잔을 주고받는 아름다운 여신의 이미지로 변한다. 이후 서한과 동한의 교체기를 거쳐 위진남북조 혼란기에 이르러, 계속되는 전쟁에서 많은 사람이 살상되었다. 목숨조차 부지하기 힘든 극도의 공포 속에서 사람들은 마음을 의지할 대상이 필요했고, 이때 이들의 상처받은 마음을 위로하고 유토피아를 제시한 것이 바로 서왕모

신앙이었다. 당시에는 서왕모 신앙이 크게 유행해, 서왕모를 모시는 각종 축제와 제사가 빈번하게 열렸다.

그리고 위진남북조 소설에서 서왕모가 늘 들고 있는 것이 바로 복숭아다. 『박물지』에서 서왕모는 자줏빛 구름 수레를 타고 세 마리 푸른 새의 호위를 받으며 한무제 앞에 나타난다. 그녀는 3000년에 한 번씩 열리는 복숭아 일곱 개를 가져와 한무제와 나눠 먹는다. 『한무내전』에서도 서왕모는 30대 아름다운 여성의 모습으로 나타나 한무제와 복숭아를 먹는다. 본래 생명을 상징하는 복숭아와 여신 서왕모는 별개로 존재했다. 그러다가 위진남북조 이후 '장수'라는 접점에서 만나, 이후 하나의 아이콘으로 함께 등장한다.

명대 소설 『서유기』에는 서왕모가 관리하는 복숭아 정원인 반도원에서 3000년, 6000년, 9000년마다 열매를 맺는 반도 복숭아가 나온다. 천방지축 손오공은 반도에 함부로 손을 대서는 안 된다는 금기를 무시하고 몰래 반도를 따먹고 도망친다. 서왕모는 천상의 파티인 반도 연회를 준비하다 손오공이 복숭아를 훔쳐먹은 것을 발견하고 분노한다. 이로 인해 손오공은 옥황상제가 내린 벌을 받고 천상에서 쫓겨난다.

한대 화상석에 새겨진
서왕모의 이미지

『서유기』에서 삼장법사의 천축 여행기 속에 서왕모와 복숭아 이야기가 들어감으로써 전체적으로 스토리가 더 재미있고 풍부해졌다.

꼭 서왕모와 결합하지 않더라도 복숭아는 그 자체만으로도 생명력을 표현했다. 예컨대 도연명은 복숭아를 유토피아적인 상상과 결합해 『도화원기』라는 작품을 썼는데, 그 내용은 다음과 같다. 진나라 태원太元 연간 어느 날 한 어부가 산속에서 길을 잃는다. 그는 흩날리는 복숭아 꽃잎을 따라가다 우연히 동굴을 발견하고 그곳을 지나 아름다운 무릉도원에 다다른다. 그곳은 넓은 집들이 반듯하게 들어서 있고 논밭이 비옥해 먹을 것도 풍부하며 남녀노소가 어우러져 살아가는 행복한 세계였다. 『도화원기』는 사람 목숨이 파리 목숨보다도 못했던 우울한 시대에, 누구나 간절히 바랐던 평화로운 이상향을 복숭아를 통해 표현해냈다.

신선도에서도 복숭아를 자주 볼 수 있다. 남북조시대에 처음 등장한 신선도는 중국인들이 인생에서 가장 중요하게 생각했던 세 가지에 대한 욕망을 주요 주제로 삼았다. 그 세 가지는 곧 장수, 복, 관직으로, 이것을 각기 주관하는 세 신선三仙이 수성壽星, 복성福星, 녹성祿星이다. 이중 장수를 대표하는 수성은 손에 복숭아를 든 모습으로 표현된다.

중국에서는 지금도 생일이 되면 복숭아 모양 케이크를 사다 먹고 복숭아 모양 찐빵을 만들어 먹는 풍경이 익숙하다. 중국인들에게 복숭아, 혹은 복숭아를 본뜬 음식을 먹는다는 것은 중국인이 대대로 그

려오던 유토피아적인 기억을 반복하는 행복한 경험이며, 신화적 시간
을 재현하는 주술적인 행위이기도 하다.

도화, 도색, 그리고 에로티시즘

그런데 중국과 달리 우리나라에서는 복숭아 모양을 한 음식을 찾아보
기 힘들다. 그 이유는 무엇일까? 아마도 복숭아에 대한 두 나라의 인
식이 많이 다르기 때문일 것이다. 옛날에는 우리나라에서도 복숭아가
벽사와 장수를 의미했다. 예컨대 전통 민화 십장생도에서도 복숭아는
불로초와 더불어 가장 많이 보이는 장수의 아이콘이다.

　그러나 오늘날 우리나라에서 장수를 떠올리면서 복숭아를 먹는 사
람은 거의 없을 것이다. 그보다는 연분홍빛 복숭아꽃과 연결해 에로
티시즘의 이미지로 보는 인식이 더 보편적이다. 조선시대 농서인『증
보산림경제』에는 "우물가에 꽃 심는 것을 꺼리고 특히 복숭아나무를
심는 것을 꺼린다"는 기록이 나온다. 이는 아낙네들이 물을 길러 나왔
다가 아름다운 복숭아꽃을 보고 바람 들 것을 경계한 것이다. 조선시
대에는 글공부하는 선비의 집, 특히 공부방 앞에는 복숭아나무 심는
것을 금기시했다. 복숭아꽃이 너무 아름답고 향기도 좋아 선비의 마
음을 혼란시키고 집중력을 떨어뜨린다고 여겼기 때문이다. 도색桃色이
란 단어는 또 어떠한가. 도색잡지, 도색영화, 도색만화 등 도색이 들어

가는 말은 죄다 야릇한 뉘앙스를 풍긴다.

또 점술이나 사주에서 도화살이라고 하면 호색과 음란을 의미한다. 본래 도화살에는 남녀 구분이 없었다. 이것이 남자 사주에 들어가 있으면 주색으로 패가망신하고 여자 사주에 들어가 있으면 음란한 성질을 지녀 남편과 집안을 망친다고 보았다. 그러나 점차 도화살은 여성의 음란함을 한정해 가리키는 것으로 변질되었고, 특히 여성의 개가를 금지했던 조선시대에는 멸문의 사주로 여겼다. 이처럼 도화살이라는 말에는 다분히 남성 기준으로 여성의 욕망을 규정하고 판단하는 왜곡된 시각이 들어 있다. 우리나라에서 복숭아의 생명력이 유토피아적 상상력으로 확장되어 더 다양하게 표현될 수 없었던 것은 조선시대 이후로 보수적인 유교 중심의 사회 가치관이 견고해졌기 때문이다. 중국 도교에서는 여신 서왕모가 불사의 생명력을 주관했지만 우리나라 유교에서는 여성이 지닌 에너지를 오히려 부정적인 것으로 간주했다.

그렇다면 일본에서는 복숭아가 어떤 의미일까? 2019년 언론 보도에 따르면 우리나라 카카오프렌즈의 캐릭터가 일본에서도 인기몰이를 하고 있다고 한다. 주목할 만한 점은 국내에서와 달리 일본에서는 복숭아 모양 캐릭터인 '어피치'에 초점을 맞췄다는 것이다.

모모타로桃太郎 설화 등을 통해 일본인에게는 복숭아 콘텐츠가 긍정적인 이미지로 각인되어 있기 때문이다. 모모타로 이야기는 일본인들에게 친숙한 민간설화다. 이야기를 요약하면 이렇다. 옛날 옛적 강가에서 빨래를 하던 할머니가 강물에 떠내려온 복숭아 하나를 건진다. 복숭아를 먹으려고 쪼개는 순간 복숭아 속에서 한 남자아이가 태어났다. 복숭아 동자 모모타로는 무럭무럭 자라 꿩, 원숭이, 개와 함께 귀신을 물리치는 여행을 떠난다. 모모타로는 할머니가 만들어준 수수경단 덕분에 귀신을 퇴치하고 집으로 무사히 돌아와 할머니, 할아버지와 오래오래 행복하게 살았다. 모모타로 이야기에서 복숭아는 퇴마의 상징이자 귀신을 몰아내고 새로운 세상을 여는 유토피아의 의미와도 연관돼 있다.

　모모타로 이야기에서 비롯된 복숭아에 대한 친근함은 일본 대중문화에 깊은 영향을 끼쳤다. 일본에서는 매년 3월 3일이면 여자아이의 건강과 미래의 행복한 결혼생활을 기원하는 히나마쓰리라는 전통 행사가 열린다. 이날은 복숭아꽃이 피는 시기와 비슷해 모모노셋쿠桃の節句라고도 한다. 그래서 이날이면 복숭아 모양 케이크와 떡, 분홍빛 지라시스시흩뿌림 초밥 등 복숭아를 연상케 하는 분홍색 음식을 만들어 먹고 거리를 온통 복숭아꽃으로 장식한다. 이때 복숭아는 여자아이가 무병 무탈하게 성인 여성으로 성장하기를 바라는 통과의례에서, 퇴마의 상징적 역할을 한다. 같은 맥락에서, 일본 나가사키현의 운젠시에는 여자아이가 3, 5, 7세가 되면 복숭아 모양의 빵을 먹는 풍습이 있다. 이처럼 동아시아 문화권에서 복숭아에 대한 상상은 다양한 이야

기로 만들어져 지금도 우리의 생활을 풍요롭게 한다.

여름철이 오면 분홍빛이 고운 복숭아를 한입 베어 물어보자. 입안에서 터지는 달콤한 과즙이 우리에게 재미있는 이야기들을 들려줄 것이다.

송정화 ◆ 이화여자대학교 중국문화연구소 학술연구교수

이화여자대학교와 고려대학교에서 공부했고 중국 푸단대학에서 「『서유기』와 동아시아 대중문화 연구」로 박사학위를 받았다. 캘리포니아 버클리대학 동아시아연구소 연구원을 지냈으며, 현재 고려대학교 중국학연구소 연구교수로 재직하면서 중국신화와 소설, 그리고 대중문화를 연구하고 있다. 저서로『중국 여신 연구』『동양고전으로 오늘을 읽다』(공저)『문화원형과 콘텐츠의 세계』(공저)『동아시아 여성의 기원』(공저) 등이 있다.

음료

飲料

白酒 藥酒

백주·약주

향기롭고 뜨겁게 취하다

"술이 사람을 취하게 하는 것이 아니라 사람이 스스로 취하는 것이요, 색이 사람을 미혹케 하는 것이 아니라 사람이 스스로 미혹되는 것이로다"라는 말이 있다. 청나라 취월산인의 『호리연전전狐狸緣全傳』에 나오는 말이다. 사람은 분위기에 약하다. 그래서 분위기에 휩쓸려 기분 따라 행동할 때가 종종 있다. 그 결과가 좋은 형태일 수도 있고 아닐 수도 있겠지만 그것은 또 나중 문제다.

　술은 분위기를 만들고 주도하는 역할을 한다. 예로부터 중국에서 문학을 이야기하고 정사를 논의할 적에는 술이 빠진 적이 없었다. 술은 사람의 마음을 부드럽게 만들고 분위기를 무르익게 하는 일등공신이었기 때문이다.

명나라 시내암의 『수호전』 제4회에도 술에 관한 구절이 나온다.

흙, 물, 불, 바람이 합쳐서 사람이 되고 누룩, 쌀, 물이 합쳐서 술이
되도다. 술 깨어 눈뜨고도 패악스러운 자 있는가 하면 곤죽이 되도
록 취하여도 정신 맑은 자 있느니라. 취중의 성현은 사람들에게 전
해지고 나라에 죄지음은 술이 또한 화근이라. 이런 것을 우습게 여
겨 속담에 이르기를, 술이 사람을 취하게 아니하고 사람이 술에 취
하더라.

　도대체 어떤 술을 마셨기에 알딸딸하니 기분이 좋아지기도 하고 정
신 못 차리게 되는 걸까? 중국술은 백주白酒, 황주黃酒, 맥주, 과실주, 혼
합주 등 다섯 가지로 나뉜다. 이중에서 백주가 중국을 대표하는 술이
다. 백주는 고량주, 배갈, 소주라고도 한다. 중국인은 전통적인 술인 백
주를 많이 마신다. 일단 가장 구하기 쉽고 알코올 함량이 높아서 빨리
취하는 장점이 있다. 그렇지만 사람의 주량에 따라 알코올 함량이 높
지 않은 술을 마셔도 금세 취하는 경우가 있으니 어떤 술을 마셔야 좋
다고 특정하기는 힘들다. 왁자지껄한 분위기가 좋아 술을 마시는 사
람이 있는가 하면 그윽한 향취를 지닌 술 자체의 맛을 즐기는 사람도
있다. 그 어떤 경우든 술과 더불어 함께하는 자리는 사람의 기분을 고
양시키고 분위기에 더욱 취하게 만든다.

향기에 매혹되다

세계 어느 나라에서든 연회에는 항상 술이 등장한다. 술은 산해진미와 함께 차려지기도 하고 민간에서 소박한 요리를 만들어 먹을 때도 어우러져 나온다.

술을 제대로 평가하기 위해서는 색깔, 향기, 맛이라는 세 가지 요건을 살펴봐야 한다. 중국의 백주는 무색투명한 색감에 독특한 향을 풍기며 오미五味를 지녔다. 오미란 단맛, 쓴맛, 신맛, 매운맛, 짠맛을 말한다. 한의학에서는 오미를 골고루 갖춘 음식을 먹으면 건강하게 장수한다고 하는데, 백주도 그 요건을 갖추는 셈이다.

중국인이 사랑하는 술, 백주는 무엇으로 만들까? 처음 백주를 만들었을 때는 수수, 즉 고량高粱을 사용했다. 그래서 백주를 고량주라고도 부르는 것이다. 최근에는 옥수수와 쌀을 원료로 사용한 제품도 많아졌다. 한나라 허신의 『설문해자說文解字』에 따르면 가장 먼저 백주를 만든 사람은 두강杜康이라고 한다. 두강이 어느 시대 살았던 어떤 사람이었는지는 여러 가지 설이 분분하다. 황제의 대신이었다는 설도 있고, 하나라의 군주였다는 이야기, 한나라의 평민이었다는 말도 있다. 그중 황제의 대신이었다는 전설에는 매우 흥미로운 이야기가 전한다.

전설의 제왕인 황제黃帝 시대의 두강은 양식을 전담하는 대신이었다. 그때는 농경사회여서 추수를 하고 나면 항상 곡식이 남았다. 남은 곡식으로 떡을 만들어 먹어도 여전히 남은 것이 많았다. 남은 곡식은 동굴에 보관했는데 동굴 안은 습기가 많아 시간이 지나면 썩어서 먹을 수 없게 되었다. 두강은 곡식을 어떻게 저장해야 좋을지 고심하다가 숲속으로 산책을 나갔다. 숲속을 거닐다 커다란 나무가 말라죽어 있는 것을 발견했는데 나무줄기가 텅 비어 있었다. '여기에 곡식을 넣어두면 어떨까?' 하는 생각이 머리를 스쳤다. 두강은 곡식을 나무줄기 안에 넣어두고 한참 지나서 찾아갔다. 그런데 나무 주위에 양, 돼지, 토끼 등이 널브러져 죽어 있는 게 아닌가! 자세히 살펴보니 나무줄기의 작은 틈으로 물이 계속 스며들고 있었고 동물들도 죽은 것이 아니라 이 물을 핥아먹고 쓰러져 있는 것이었다. 두강은 코를 찌르는 맑은 향기에 자기도 모르게 향기로운 물을 몇 모금 맛보았다. 그랬더니 정신이 상쾌해지는 느낌이 들었다. 그는 진한 향기가 나는 물을 가지고 돌아가서 여러 사람에게 맛보라고 권했는데 다들 "어쩜 이렇게 맛이 좋을 수가!"라고 감탄하며 난리법석이었다. 이렇게 해서 술은 민간으로 전래되었고 두강은 '술의 신'으로 추앙받았다.

백주는 독특한 향에 따라 다양한 종류로 구분된다. 첫째, 농향형濃香型은 짙은 향기를 내뿜는 술로, 오량액五糧液과 두강주杜康酒가 유명하다. 둘째, 장향형醬香型은 간장 향이 나는 술로 귀주貴州의 모태주茅台酒가 있다. 셋째, 청향형淸香型은 맑은 향기를 가진 술로 분주汾酒가 대표적이다. 넷째, 미향형米香型은 쌀 향기가 나는 술로 계림桂林의 삼화주三花酒가 있다. 다섯째, 겸향형兼香型은 복합적인 향을 내는 술로 안휘安徽의 구자교口子窖가 있다.

백주는 고농도일 경우에 매운맛이 아주 강렬한 자극을 준다. 과실주와 황주는 단맛이 강하다. 그런데 단맛이 나긴 하지만, 황주는 과실주와 다른, 굉장히 미묘한 느낌을 준다. 한편, 과실주는 새콤한 느낌을 주는데 백주는 그런 느낌이 거의 없고 신맛이 날 경우에는 변질된 것이다. 품질이 낮은 백주에서는 가끔 쓴맛이 나지만 고급 백주에서는 쓴맛을 전혀 느낄 수 없다.

백주는 뜨겁고 매운맛을 가지고 있기 때문에 중국요리의 기름진 맛을 상쇄시키는 효과를 발휘한다. 그래서 백주를 마시면 중국요리를 더 많이, 더 맛있게 먹을 수 있다. 백주를 한 잔만 마셔도 불타는 듯 후끈후끈한 열감이 식도를 타고 내려가면서 내장까지 뜨끈뜨끈하게 데우는 느낌을 받는다. 서양의 위스키와 중국의 백주는 향과 맛이 각각 다른데도 그 열감 때문에 느낌이 비슷하다고들 평가한다.

황제가 애호한 약주

중국의 역대 황제는 수많은 술을 접했다. 황제는 각 지역의 유명한 백주부터 건강에 이로운 약주까지 각종 술을 진상받았다. 청나라 6대 황제인 건륭황제는 무려 88세까지 장수했고 약주인 귀령주龜齡酒, 도소주屠蘇酒, 옥천주玉泉酒 등을 즐겨 마셨다고 한다. 예로부터 도소주는 돌

림병을 예방하고 사악한 기운을 물리치는 술로 유명했는데 주로 설날
에 세시주로 마셨다. 옛날 풍습을 따라 온 집안사람이 모여서 도소주
를 마셨는데, 특이한 점은 어린아이부터 시작해 술을 따라 올리고 마
지막에 제일 연장자가 받아 마셨다는 점이다. 송나라 문인 소철은 「선
달 그믐날除日」이란 시에서 "해마다 마지막에 도소주를 마시네. 어느
새 칠십이 넘었구나!"라고 노래했다.

　도소주를 만드는 방법은 다음과 같다. 도라지, 백출, 대황, 천숙, 방
풍, 호장근 등을 잘 썰어서 베주머니에 넣고 섣달 그믐날 우물 속에 걸
어두었다가 정월 초하루 새벽에 꺼내 청주 두
병을 넣고 끓인다. 이렇게 만들어 남녀노소 모
두가 마시는 약주가 도소주인데 근래에는 많이
마시지 않는다.

　귀령주는 십장생의 하나인 거북처럼 오래 살
기를 희망하며 지은 이름이다. 귀령주에는 서른
세 가지 진귀한 약초가 들어간다. 생지황, 녹용,
몽골 지방에서 나는 버섯인 쇄양鎖陽, 청도青島에
서 나는 소금, 천문동天門冬, 육종용肉蓯蓉, 두메쇠
무릎, 보골지補骨脂, 인삼, 부자, 당귀, 구기자, 두
충, 숙지황, 국화 등이 여기에 포함된다. 약재들
을 가루로 만들어 한지로 잘 싸고 노란 비단으

옥천주 ⓒ 김명신

로 만든 주머니에 넣은 다음 소주 30근과 찹쌀로 빚은 백주 10근을 섞어 단지에 넣은 후 입구를 잘 봉한다. 단지 입구는 황토와 소금물을 섞어 진흙처럼 만든 것으로 봉한 후 다시 그 표면에 녹두가루를 덧붙인다. 그리고 삼복더위에 3일 동안 햇볕을 쪼이는데 이때 단지를 동서남북으로 골고루 돌려준다.

약주는 매일 마시는 음식은 아니지만 가끔 복용하면 혈액순환을 돕고 몸에 영양분을 공급하며 허약함을 다스리고 오장의 기운을 튼튼하게 하는 데 대단한 효과가 있었다고 한다. 그래서 약주는 늘 격무에 시달리던 황제들이 선호하는 건강음료가 되었던 것이다.

영웅호걸의 이과두주

예로부터 영웅호걸은 술을 좋아했다. 영웅호걸은 보통 말술을 마시는 경우가 많았고 자신이 고수임을 강조하기 위해 일부러 술을 마시기도 하고 과장된 동작을 취하기도 했다.

『삼국지』의 영웅인 관우는 비극적인 죽음으로 인해 사람들의 뇌리에 깊이 남아 있다. 그와 술에 관한 일화를 소개한다. 동한 말기에 동탁이 황권을 농단해 나라가 혼란스러워지자 제후 연합군은 나라를 구하고자 세력을 규합했다. 그런데 제후 연합군이 동탁의 부하 화웅에게 연달아 패하고 나니 나서는 장수가 아무도 없었다. 그때 무명이었던 관우가 흔쾌히 나섰는데, 원술 등은 반대했으나 조조가 적극적으로 후원하여 전장에 나갔다. 그리고 관우는 조조가 따라준 술이 식기도 전에 화웅의 목을 베고 돌아와 천천히 따뜻한 술을 마셨다는 이야기다. 관우의 호쾌한 기상이 술과 함께 잘 표현된 이야기다.

황비홍1847~1924은 홍가권洪家拳의 고수이자 항일 독립운동을 했던 중국의 민족 영웅이다. 영화 〈황비홍〉을 보면 이연걸이 이과두주二鍋頭酒를 마시면서 그 맛에 감탄해 제비돌기를 계속하는 장면이 나온다. 술의 환상적인 맛을 강조하는 장면이다. 이과두주는 북경의 전통 백주다. 청나라 중기에 술의 품질을 높이기 위해 연구하다가 두번째로 추출해낸 주석 냄비錫鍋의 술이 가장 훌륭한 상태임을 알아내고 '이과두주'라고 이름 지었다. 우리나라의 소주와 비슷한 일반인의 술로, 중국요리식당에서 흔히 볼 수 있다.

고대 중국의 영웅호걸은 대부분 술을 좋아했지만 그때는 상표나 품종이 정해져 있지 않았기 때문에 구체적으로 어떤 술을 선호했는지는 알 수 없다. 아마도 구하기 쉬운 전통주를 마셨을 것이다. 근대에 이르면 가장 보편적인 술이 이과두주였기 때문에 영화

이과두주 ⓒ 김명신

에서도 이를 등장시킨 것이리라.

중국인은 이렇게 향을 풍기는 백주를 좋아했고 오늘날에도 백주를 즐겨 마신다. 백주를 마시며 옛날부터 이야기에 나오던 화끈한 영웅의 기개를 떠올리는 것일지도 모른다. 백주가 뿜어내는 다양한 향은 여전히 애주가들의 후각을 자극한다.

김명신 ◆ 한양대학교 창의융합교육원 강사

고려대학교에서 중국문학 전공으로 박사학위를 받았다. 중국 고전소설, 판본, 한국소설 비교와 관련된 분야를 연구하고 있다. 역서로 『아녀영웅전』 『풍속통의 상·하』(공역) 등이 있고, 공저로 『중국 통속소설의 유입과 수용』 『새롭게 다시 쓰는 중국어 이야기』 등이 있다.

용정차

龍井茶

황제의 총애를 받은 차

중국인들은 언제부터 차를 마셨을까? 육우의 『다경茶經』에는 "차를 마시는 것은 신농씨에서 시작되었다茶之爲飮, 發乎神農氏"라고 기록되어 있다. 신농씨는 백성들을 위해 온갖 풀을 맛보다가 72가지 독에 중독되었는데, 이때마다 차를 마시고 해독했다고 한다. 이처럼 차는 중국 상고시대부터 있어왔으니, 차의 역사는 중국의 역사와 궤를 같이한다고 할 수 있다. 그런데 많은 차 가운데서도 가장 많은 이들에게 알려지고 사랑받는 녹차가 바로 용정차龍井茶다. 항주를 여행하면 빼놓을 수 없는 '음'과 '식'으로 용정차와 동파육을 든다. 용정차에 얽힌 이야기도 차의 의미를 더한다.

탁현의 유비가 강남의 차를 구하다

먼저 『삼국지』에서 유비와 장비의 첫 만남 이야기로 시작한다.

한나라 황실의 후손이지만, 유비는 탁현 누상촌에서 돗자리와 짚신 짜는 일로 생계를 이어가고 있었다. 효성이 지극했던 유비는 돗자리를 장터에 팔고 그 돈으로 맹인 어머니께 드릴 귀한 차를 사려고 나루터로 간다. 나루터에는 낙양에서 오는 상선이 있고 이 상선에서는 약효가 뛰어난 귀한 차도 팔았다. 유비가 돗자리를 판 돈은, 그 비싼 차를 구입하기에 턱없이 모자란 액수였다. 그러나 상인은 유비의 효심에 감동받아 저렴한 가격에 차를 판다. 일설에서는 유비가 지녔던 보검에 박힌 보석을 뽑아내 찻값에 보탰다고도 한다. 어쨌든 유비는 어렵게 구한 차를 가지고 귀가하던 길에 황건적을 만나 차를 빼앗기고 목숨마저 위태롭게 된다. 이때 텁석부리 수염 거구의 사나이, 장비가 나타나 유비를 구해주고 빼앗겼던 차도 되찾는다. 유비는 지니고 있던 집안의 가보인 보검을 장비에게 답례로 준다. 유비는 집으로 돌아와 어머니께 자초지종을 설명하고 차를 드린다. 그러나 유비의 어머니는 남에게 보검을 주고 차를 가져온 아들을 질책하며 차를 집 앞의 하천에 던져버린다.

과연 유비와 장비의 첫 만남은 이렇게 시작되었을까? 이 이야기는 정사 『삼국지』는 물론 나관중의 『삼국연의』 모종강본毛宗崗本 계통에도 없는 이야기다. 이는 1930년대 일본에서 역사소설로 대중적 인기가 높았던 소설가 요시카와 에이지의 '소설'『삼국지』에 나오는 이야기다. 요시카와 에이지의 소설은 일제 강점기 우리나라에 번역, 소개되면서 많은 아류본을 낳았다. 어쨌든 여기에는 유비가 어렵게 구해온 차가 무슨 차였는지 나와 있지 않다. 요시카와 에이지는 다도에도 관심이 많았던 인물이다. 기왕 차 이야기로 각색하는 김에 무슨 차였는지도 써주었다면 지금쯤 그 차는 유명세를 타지 않았을까? 요시카와 에이지는 『삼국연의』를 각색하며 유비의 인품을 부각시키는 매개체로서의 차와 보검에만 관심 있었을 뿐, 중국차에 대한 이해는 조금 부족했던 것 같다.

또다른 이야기를 보자. 장터에서 돗자리를 판 돈으로 어머니에게 드릴 차를 구입해 집으로 오는 길에, 유비는 푸줏간 주인 장비와 누상촌 건달 양생이 드잡이하는 장면을 목격한다. 양생은 장비에게 자신의 발바닥을 핥으라고 모욕을 주다가 장비에게 초주검이 되도록 두들겨맞고 폭행죄로 관아에 끌려간다. 이를 보고 유비는 장비를 보기 드문 의인이라고 여겨, 탁현 현령 공손찬에게 부탁해 장비를 석방시킨다. 공손찬은 노식 문하에서 유비와 동문수학한 손위 동학이다. 집으로 돌아온 유비는 어머니께 차를 드리고, 어머니는 기뻐하면서 귀한 차는 먼저 조상에게 올려야 한다며 차례를 지낸다. 이 이야기에서도 그 차가 무슨 차였는지는 언급되지 않는다.

유비의 누상촌 시절 이야기에 언급되는 차는, 유비의 효심을 부각시키고 유비의 유가적 덕성을 드러내기 위한 소설적 장치일 것이다.
여기서 또하나 알 수 있는 것이 있다. 후한시대에는 차가 도적이 약탈
할 정도로 매우 귀한 사치재였다는 점이다. 이 대목에서 궁금해진다.
당시 유비가 산 차는 무슨 차였을까? 이에 대한 실마리는 유비가 살던
하북 지역에서 6천 리 떨어진 강남 지역에서 찾아보기로 한다.

건륭제와 용정차의 인연

소주蘇州의 비단으로 만든 옷을 입고, 광동요리를 먹은 후, 항주의
용정차를 마시며 살다가, 유주柳州의 나무로 짠 관에 들어가 묻히는
것이 가장 큰 소원이다.

중국인들에게 구전되어오는 이 문구만으로도 이미 용정차의 이름
값은 더 설명할 필요가 없을 것이다. 차에 관심 없는 이들이라도 항주
여행을 가면 용정에 들른다. 관광 가이드의 안내를 받으면 대체로 매
가오촌梅家塢村이라는 곳에 간다. 매씨의 집성촌이라는 뜻이다. 마을의
소개에 따르면 유비가 앞 못 보는 어머니를 매가오촌에 모시고 와 용
정차를 마셨더니 어머니가 눈을 뜨게 되었다고 한다. 이 역시 고증이
필요하겠지만 '연의'의 내용이니 의미는 없을 것이다. 중국 녹차 가운

데 가장 널리 알려진 용정차는 항주의 서호산구西湖山區를 중심으로 생산되는 녹차의 총칭으로 현재 사봉獅峰, 매오梅塢, 서호西湖 세 개의 품종으로 나누는데, 통틀어 서호용정이라고도 한다. 아마도 관광지로서 서호의 지명도와, 특산품 용정차가 결합해 상승효과를 일으켜 붙인 명칭이라고 짐작된다.

용정차가 중국을 대표하는 녹차로 대중의 관심을 받게 된 것은 우선 그 맛 때문이기도 하지만, 청나라 때 강남 순행을 좋아했던 강희제와 건륭제의 영향이 크다. 남순南巡을 좋아했던 강희제는 항주에 행궁을 만들고 용정차를 공차貢茶로 지정했다. 이후 그의 손자 건륭제와 용정차의 인연은 더욱 깊다. 건륭제 역시 남방 여행을 좋아했다. 여행을 좋아하는 사람들은 기본적으로 호기심이 많은 편이다. 강희·옹정·건륭 3대 때 청나라문화가 전성기를 구가한 것은, 여행을 좋아하고 다방면에 호기심이 많았던 황제들의 기호와 무관하지 않을 것이다.

건륭제는 항주에서 서호를 유람한 후, 용정차의 산지인 사봉산獅峰山으로 갔다. 건륭제는 그곳에서 호공묘胡公廟의 스님으로부터 용정차를 대접받는다. 찻잔 속을 떠다니는 푸른 찻잎이 마치 살아 숨쉬는 듯 아름다운 차향을 뿜어내, 건륭제는 차를 마신 후 정신이 맑아지며 성정이 차분해지는 것을 느꼈다. 건륭제는 이 찻잎을 어느 나무에서 땄는지 물었고, 스님은 황제를 호공묘 앞에 있는 차나무로 안내했다.

호공묘 앞에는 푸른 차나무 18그루가 있었는데, 건륭제는 차향에

반해 직접 차를 따면서 이곳에 머무르던 중 황궁으로부터 어머니 황
태후의 건강이 악화되었다는 전갈을 받았다. 소식을 들은 건륭제는
찻잎을 소매에 넣은 채 급히 황궁으로 돌아갔다. 병상에서 아들을 맞
이한 황태후는 황제의 몸에서 은은한 향기가 나는 것을 느끼고 황제
에게 그 향기의 출처를 물었다. 황태후가 맡은 향기는 바로 건륭제의
소매에서 나고 있었다. 그 속에 호공묘 용정 찻잎이 들어 있었기 때문
이다. 이에 황제가 용정차를 내어 황태후에게 마시게 했더니 병이 나
았다. 이 이야기 역시 건륭제의 효심과 유가적 덕성을 선전하기 위해
만들어낸 이야기일 가능성이 크다. 다만, 명나라 약학자 이시진은 『본
초강목』에서 기력이 없고 두통이 있을 때 녹차의 효과가 좋다고 기록
하고 있으니, 용정차는 약재로도 널리 쓰였음을 알 수 있다.

　그후 건륭제는 사봉산 호공묘 앞 차나무 18그루를 어차御茶로 지정
하고 이를 관리하는 관리까지 파견
했다. 황제가 이렇게 공력을 들여 보
살핀 덕분에 호공묘의 차나무 18그
루는 오늘날까지 관리되고 있으며
용정차를 생산하고 있다. 용정차를
총애하던 건륭제는 「용정차를 따는
경관을 바라보며觀采茶作歌」「용정에서
차를 마시는 감회坐龍井上烹茶偶成」 등의 시

용정차 잎
ⓒ 김경석

를 남기기도 했다. 건륭제는 또한 차를 통해 신하들의 부정부패를 경계하기도 했다. 건륭제는 매화, 불수佛手, 불수귤나무의 열매, 솔방울 등을 넣어 만든 '삼청차三淸茶'를 신하들에게 내리곤 했는데, 특히 중화궁重華宮에서 삼청차연三淸茶宴을 베풀고 차연이 끝나면 신하들에게 삼청차를 하사했다. 이를 통해 신하들에게 관리로서 청렴한 마음을 잊지 말고 재물을 탐하지 말 것을 깨우치고자 했으니 '다도의 정치'를 실천했다고 할 수 있을 것이다.

　명차는 향욱香郁, 색녹色綠, 미감味甘, 형미形美의 네 가지 기준으로 품평한다. 이를 순서대로 설명하면 차는 향기가 짙고, 찻잎 빛깔이 푸르고, 맛이 달며 잎의 형태가 아름다워야 한다는 뜻이다. 용정차는 명차가 갖추어야 할 네 가지 아름다움을 모두 갖추었다고 해서 '사절구가四絶俱佳'라는 칭호를 받는다.

유비는 용정차를 마셨을까?

다시 유비 이야기로 돌아가보자.

　유비가 거주하던 탁현 누상촌은 오늘날 하북성 보정保定시 탁주涿州에 있었다. 그곳에 낙양에서 오는 상선이 닿을 정도의 물길이 있었을까? 물론 항주에서 북경까지 연결되는 경항운하京杭運河가 있다. 그러나 경항운하는 605년 수나라 양제 때 파기 시작하였으니, 유비가 살

던 후한시대에 이 물길을 따라 용
정차가 이동했을 리 없다. 후한 말
기까지 차는 일반 백성들이 쉽게
즐길 수 있는 물건이 아니었다. 그
렇다면 낙양에서 오는 상선에 실
린 차는 무엇이었을까? 『삼국연의』
의 내용이 과장되었다 하더라도 아
마 유비의 어머니는 앞을 볼 수 없
는 맹인이었거나 시력이 좋지 않았

향배香杯와 차배茶杯.
향배는 차향을 음미하는
잔이다. ⓒ김경석

던 것 같다. 또한 강남에서 올라오는 상선을 기다려 차를 얻은 것으로
볼 때 남방에서 생산되는 차였으리라 추측할 수는 있겠으나, 오늘날
의 용정차와는 사뭇 다른 형태였을 것이다.

　발효시키지 않고 만든 불발효차로서 녹차는 중국 역사에서 가장 오
래된 차종이지만, 후한 말기에 지금의 용정차를 만드는 제다법은 없
었다. 여기서 육우의 『다경』에 기록된 용정차를 보자. 『다경』은 총 3권
10장으로 구성된 차 백과전서인데, 그 가운데 8장에 절서浙西 지역 차
에 대한 기록이 있다. 육우는 항주 천축사와 영은사에서 차를 재배했
다고 기록하고 있으니 이것이 용정차임에는 틀림없다. 그러나 12세기
항주 광복사에서 마시기 시작한 차를 용정차의 시초로 보는 견해가
정설이라면, 유비가 마신 차는 지금의 용정차와 거리가 있을 것이다.

만일 유비가 용정차를 접했다면 오늘날 용정차에는 유황차劉皇茶 또는
현덕차玄德茶라는 별칭이 붙지 않았을까?

차 마시기 좋은 때

인생에서 한적함과 유머를 중시했던 임어당은 허차서의 『다소茶疏』를
인용하며 「차와 친구에 대하여」라는 글에서 차 마시기에 좋은 때를 다
음과 같이 읊었다. 차를 좋아하는 이라면 한 가지씩 체험해볼 일이다.

마음과 손이 한가할 때

시詩를 읽고 피곤을 느낄 때

머릿속이 어수선할 때

노랫소리에 귀를 기울이고 있을 때

노래가 끝났을 때

쉬는 날 집에 있을 때

금琴을 타며 그림을 감상할 때

창을 향한 책상에 앉아 있을 때

멋있는 친구나 예쁜 연인이 함께 있을 때

친구를 방문하고 집에 돌아왔을 때

하늘이 맑고 연한 바람이 불 때

가볍게 소나기가 내릴 때

작은 나무다리 아래 곱게 색칠한 배 안에 앉아 있을 때

높게 자란 대나무밭 가운데 있을 때

연회가 끝나고 손님이 돌아간 후에

아이들을 학교에 보낸 후에

한적한 산속의 조용한 절에 있을 때

좋은 샘물과 기이한 바위가 곁에 있는 곳에서

김경석 ◆ 경희대학교 중국어학과 교수

경희대학교 중어중문학과를 졸업하고 중국 북경사범대학에서 중국현대문학전공
으로 석사와 박사를 마쳤다. 북경시민사회를 작품으로 그려낸 라오서의 문학과 그
문화적 의미, 이를 바탕으로 중국의 다양한 문화적 현상과 그 내면의 인문적 보편
성을 탐구하는 일에 관심을 가지고 있다. 저서로는 『중국현대문학사』 『유토피아
의 귀환』 등이 있다. 중국 유학 시절, 맹물 그대로는 마실 수 없는 중국 물에 적응
하기 위해 자스민차를 내어 마시기 시작하며 차와 인연을 맺었다. 이후 차는 일상
이 되었지만, 차에 대한 형이상학적 수사와 현담은 좋아하지 않는다. "일본의 다
도처럼 지나친 예의를 강조하지 않는다면 차를 마시는 행위 자체로서 침착함과 고
고한 기쁨을 맛볼 수 있다"는 임어당의 다론茶論에 동의한다.

간식

小吃

夜宵

야식

도성의 밤거리 시끌벅적 야시장

1000년 전 중국 사람들도 야식夜宵을 먹었다. 1000년 전 북송의 수도 개봉에는 주교州橋 야시장이 있었다. 황궁의 남문인 선덕문을 나와 어가御街를 따라 남쪽으로 쭉 내려가면 주교가 나왔다. 주교에서 내성의 남문인 주작문까지 내려오는 길가에서 늦은 밤에도 '잡다한 씹을 거리雜嚼'들을 팔았다. 북송 수도 개봉의 사회상을 잘 그려낸『동경몽화록』에는 주교 야시장에서 파는 다양한 음식이 등장한다. 오소리고기와 들여우고기 같은 야생동물 요리도 있고, 닭, 거위, 오리, 토끼 요리도 팔았다. 뿐만 아니라 즉석에서 지져주는 양곱창과 생선젓, 생선머리를 물에 넣어 졸을 때까지 삶아 식혀서 굳힌 찬동어두燗凍魚頭 등 다양한 먹거리가 있었다.

　　그리고 돼지고기를 삶아 그 즙을 굳혀 만든 강시薑豉라는 음식도 있었다. 지금 우리나라에서도 즐겨 먹는 돼지머리편육 종류가 바로 이것이다. 그런데 왜 '생강과 메주'란 뜻의 '강시'라는 이름이 돼지머리편육에 붙었을까? 진원정의 『세시광기歲時廣記』 권 제15 「동강시凍薑豉」 조를 보면 다음과 같은 내용이 나온다.

　　『세시잡기歲時雜記』에 의하면 한식에 돼지고기를 삶아 그 즙을 낸 뒤 기다려 그 굳은 것을 얻었는데, 이를 일러 '강시'라 하였다. 병餅에 싸서 먹었다. 혹은 비수로 도려내고, 혹은 칼로 잘라냈는데 생강과 메주로 맛을 조절하였기에 이 이름을 얻은 것이다.

　　강시는 현대 중국에서 피동皮凍 혹은 육동肉凍이라 불리는 음식으로, 만드는 방법은 다음과 같다. 우선 핏물을 뺀 돼지고기를 물에 담근 후 파, 생강, 화초花椒, 마른 귤껍질 등을 넣어 돼지고기가 물러지고 끓인 물이 끈적끈적해질 때까지 삶는다. 그후 돼지고기를 꺼내 식

강시, 현대 개봉 야시장에서
파는 피동 ⓒ김민호

힌 뒤 뼈는 제거하고 살을 작은 조각으로 썬다. 삶은 즙을 체에 걸러 생강, 파 등을 제거하고 고기를 즙 안에 넣은 후 젓가락으로 휘휘 젓는다. 이를 장방형 그릇에 넣어 굳힌 뒤 길쭉하게 썰어내는 것이 바로 피동이다.

강시의 경우 돼지족발로 만들면 동강시제자凍薑豉蹄子, 돼지머리로 만들면 저두강시猪頭薑豉, 닭으로 만들면 강시계薑豉鷄, 물고기로 만들면 동어凍魚라 불렀다. 남송 항주에는 동파사강시凍波斯薑豉란 음식을 내건 음식점도 있었는데, 이것의 재료는 양고기로 당시 항주에 적지 않게 있던 페르시아계 상인들을 끌어들이기 위한 메뉴였을 것이다. 강시의 고급 버전으로 수정회水晶膾도 있었다. 이 음식은 돼지껍질만을 사용해, 보통 강시보다 투명하고 깔끔한 모양이 마치 젤리 같았다. 현대 중국에서는 수정육동水晶肉凍이라 부른다.

이 외에도 여름에는 얼음을 잘게 부숴 설탕을 뿌린 사탕빙설沙糖冰雪, 빙설냉수라 하여 설탕, 녹두, 감초 등에 잘게 부순 얼음을 넣은 음료 등 마실 거리도 있었다. 조협皂莢의 씨를 삶아 설탕물에 담근 수정조아水晶皂兒란 먹을거리도 팔았다. 조협은 원래 비누 같은 용도로 쓰던 열매인데 크기가 작아 세수를 하거나 옷을 세탁할 때 비주자肥珠子를 대신 사용했다고 한다. 비주자 씨는 동그랗고 까만색이었으며, 그 과실도 살이 많고 조협보다 윤택해 '기름진 조협肥皂'이라는 이름으로 불렸다. 현대 중국어에서 비누를 '페이짜오肥皂'라 부르는데 그 이름의

현대 개봉의 야시장 ©김민호

기원이 여기에 있었다.

　개봉부의 야시장은 보통 새벽 1시까지 영업을 했는데, 새벽 3시도 안 되어 다시 개장하기도 하고, 번화한 곳에서는 밤샘 영업을 하기도 했다.

　현대 북경의 대표적인 야식거리인 귀신거리鬼街처럼 밤새 먹고 놀 수 있었던 것이다. 야시장은 주교 근처에만 있었던 게 아니다. 마항가馬行街 북쪽 와자瓦子 부근에도 야시장이 있었는데, 겨울에 눈보라 치고 추적추적 비가 내려도 이에 아랑곳하지 않고 야시장이 열렸다고 한다. 다시 말해 야시장은 어쩌다 여는 임시 시장이 아니라 언제든지 사람이 찾는 상설 시장이었다. 새벽 1시가 넘어도 병에 차를 담아 파는 사람들이 있었는데, 밤늦게까지 야근하고 집으로 돌아가는 사람들에게 판매하기 위해서였다. 1000년 전 사람들도 요즘 직장인처럼 야근을 하고, 야식을 먹고, 또 야근이 끝나면 술 한잔한 뒤 차로 목을 축이며 힘든 하루를 마무리했던 것이다.

취향 따라 주문하고 없는 음식은 배달도

식당들은 서비스 또한 보통이 아니었다. 당시 개봉 사람들은 허영기가 있어 필요 이상으로 다양한 음식을 주문했다. 어떤 이는 차가운 음식을 요구했고, 어떤 이는 따뜻한 음식을 요구하는 등 손님의 취향에 따라 주문이 달랐다. 어떤 사람은 순 살코기 고명을, 어떤 사람은 비계가 낀 살코기 고명을 요구하는 등 고명까지도 취향에 따라 주문할 수 있었던 것을 보면 당시 개봉 요식업계의 수준이 어느 정도였을지 짐작할 수 있다.

이들 음식점은 어떤 음식이든 주문하면 바로바로 만들어냈고, 한 식당에서 보통 500가지 이상을 팔았다. 이렇게 음식 가짓수가 많았음에도 손님이 요구하는 음식이 없을 경우에는 다른 곳에서 배달시켜 먹을 수도 있었다. 만약 요즘 어떤 음식점에서 다른 곳 음식을 배달해 먹는다면 주인의 눈총깨나 받을 것이다. 하지만 당시 개봉 음식점에서는 이러한 일들이 아무렇지 않게 이루어졌다. 다시 말해 '손님은 왕이다'라는 자본주의적 서비스 정신이 있었고, 다른 곳의 음식을 시켜 먹어도 우리는 상관없다는 자신감도 드러냈던 것이다.

음식을 이렇게 잘 만드니, 서비스도 따라갈 수밖에 없었다. 손님들 은 다양한 음식을 자신이 원하는 방식으로 종업원에게 주문했고, 종 업원은 이를 다 외워 주방에 전달했다. 그러면 주문한 음식이 바로 나 왔고, 종업원이 이렇게 나온 음식을 담은 주발 20개 정도를 오른손에 서 어깨까지 겹쳐 쌓아 들고, 왼손에는 주발을 세 개쯤 끼고 주문 받은 식탁으로 와서 내려놓으면 손님들이 요구한 것들과 하나도 틀림이 없 었다. 종업원들은 기예단 수준의 솜씨와 민첩함으로 손님들에게 음식 을 제공했는데, 이들에게는 조금의 실수도 용납되지 않았다. 만약 주 문한 음식과 하나라도 다른 것이 있으면 손님은 주인에게 이를 알렸 고, 그러면 주인은 반드시 종업원을 질책하거나 벌로 임금을 깎고, 심 한 경우에는 쫓아내기까지 했다.

호쾌한 손님과 배짱 두둑한 술집

개봉에는 술집도 다양했는데, 술을 직접 빚는 대규모 술집인 72개의 정점正店과 정점에서 술을 받아 파는 3000여 개의 각점脚店이 있었다. 그중 최고는 번루樊樓였다. 번루는 반루礬樓, 백반루白礬樓라고도 불렸고 후에 풍락루豐樂樓라고도 불렸는데, 당시 개봉 최고의 술집이었다.

개봉 송도어가宋都御街에
재현한 번루 ©김민호

명나라 작가 풍몽룡의 『유세명언喩世明言』 제24권 「양사온이 연산에서 아는 사람을 만나다」를 보면 "원래 진루秦樓가 제일 컸는데 마치 동경의 백번루白樊樓와 같아, 위층에는 60여 개의 룸이 있고, 아래에는 70~80개의 탁자가 있었다"는 내용이 나온다. 비록 소설에 나오는 내용이나, 번루가 별실만 60개 넘는 큰 규모의 술집이었음을 추측해볼 수 있다. 3000여 개에 달하는 각점들은 매일 번루에 가서 술을 받아왔는데, 이들 정점의 술 생산량이 어마어마해 다음과 같은 시가 나올 정도였다.

태화루엔 방이 삼백 칸,
술 만드는 큰 구유에는 밤낮없이 찰랑이는 소리.
천 명의 사내를 당해내고, 만 명의 사내 먹을 술 담은 항아리,
술은 바다 같고, 술지게미는 산을 이룬다네.

이 시를 보면 정점인 풍락루가 수많은 각점에 술을 공급할 능력을 갖추고 있었음을 알 수 있다. 풍락루가 항상 구비하고 있던 술로는 장

수라는 의미를 지닌 '미수眉壽'와 깔끔하고 맛있다는 뜻의 '화지和旨'가 있었다.

더불어 개봉부 동쪽 인화점仁和店과 신문新門 안쪽의 정점인 회선루會仙樓는 항상 100여 명을 들일 수 있는 장소와 기물을 다 갖추고 있었다. 당시 개봉 사람들은 사치스럽고 도량이 커서, 술집에 들어가면 두 사람만 앉아 술을 마셔도 반드시 술 따르는 주전자와 술잔 한 벌, 밑받침이 있는 음료 잔 두 벌, 그리고 술안주로 먹을 과일과 채소 각각 다섯 접시, 신선한 야채 요리 네다섯 접시 정도를 시켜 먹어 거의 100량兩 가까이 들었다. 혼자 술을 마신다 하더라도 그릇은 은으로 만든 것을 썼다. 술집에서 사용하는 과일, 채소 등은 깔끔하지 않은 것이 없었고, 파는 것 이외에 다른 안주가 필요하면 즉시 사람을 시켜 밖에서 다양한 음식을 사오게 했다. 정점에서는 각점들이 네댓 번씩 와서 술을 사가지고 가더라도 400, 500량씩이나 하는 은 술병에 술을 담아 빌려주고, 심지어 가난한 집에서 술을 달라고 해도 은 술병에 담아 보냈다. 그리고 이들 중 밤새 술을 마시는 자들이 있으면 은 술병은 그다음날 수거해왔다. 여러 기생집에서 술을 달라고 이야기만 하면 역시 은그릇에 담아 보내주었는데 비싼 은그릇을 이처럼 신경쓰지 않고 내보내는 술집들의 배짱이 참으로 두둑했다.

현대 개봉 청명상하원淸明上河園에 재현한 손양정점孫羊正店 ©김민호

술집에 붙어사는 다양한 군상

개봉에서는 술집에서 안주를 파는 이들을 일러 '차와 밥의 전문가'란 의미에서 '다반박사茶飯博士', '술의 양을 재는 전문가'란 의미에서 '양주박사量酒博士'라 불렀고, 술집에서 시중드는 어린애를 아저씨란 의미인 '대백大伯'이라 불렀다. 또 길거리에는 허리에 청색 바탕에 무늬가 있는 베靑花布를 매고, 머리를 높다랗게 틀어올리고 술꾼들에게 탕을 올리고 술을 권하는 부인들이 있었는데, 사람들은 이들을 술지게미 데워주는 여자라는 뜻에서 '준조焌糟'라 불렀다. 이뿐 아니라 술집에는 부

잣집 자제들을 위해 물건도 사오고, 기녀도 불러주고, 또 돈이나 물건을 가져오거나 보내주는 심부름을 하던 '할일 없는 사내들'인 '한한閒漢'이 있었다. 그리고 술 마시는 사람들 앞에 와서 마시던 탕국도 바꿔주고, 술도 권하고, 노래도 하면서 간식이나 향수 등을 사달라고 하던 '시파廝波'도 있었는데 보통 손님들의 술자리가 파하면 약간의 용돈을 얻었다. 여기에 수준 낮은 기생들도 있어 손님들이 부르지 않아도 술자리로 와서 노래를 부르곤 했는데, 그러면 손님들은 잔돈이나 별로 값나가지 않는 물건들을 줘 보내기도 했다. 이들을 '차객箚客', 즉 '옆구리 찌르는 이'라고도 했고, '타주좌打酒坐', 즉 '술 쳐주는 이'라고도 했다. 또 약이나 과일, 무 등을 술꾼들에게 막무가내로 나눠주고는 사거나 말거나 돈을 요구하기도 했는데 이를 '살잠撒暫', 즉 '삽시간에 뿌리기'라고 불렀다. 요즘으로 치면 식당이나 술집에 물건 팔러 오는 잡상인, 노래방 도우미, 삐끼 같은 사람들이 당시에도 있었던 것이다.

그러나 고급 술집은 이런 사람들을 들이지 않았다. 주교 탄장가炭張家와 유락장가乳酪張家 같은 곳에서는 좋은 술만 팔고, 심지어 안주도 팔지 않으며, 절여놓은 고급 채소만 안주로 내놓았을 뿐이다. 마치 지금의 고급 바에서 고급 와인과 치즈 등 간단한 안주만 준비하는 것과 같은 상황이다. 당시 개봉부에는 현대의 룸살롱과 같은 분위기의 술집이 있어, 기녀들을 고용해 술 접대를 하기도 했다. 이런 술집의 규모가 얼마나 컸던지, 160미터에 달하는 긴 주랑에 짙게 화장을 한 기녀 수

백 명이 손님의 호출을 받기 위해 기다리고 있었다고 한다.

개봉 사람들은 또 낮술도 즐겼다. 중추절, 즉 한국의 한가위가 되면 모든 술집은 새 술을 팔고, 문 앞의 채루綵樓, 채색 비단으로 장식한 구조물를 새로이 엮어내고, 깃대에는 취한 신선을 그려넣은 비단 깃발을 걸어놓았다. 이때 개봉부 사람들은 다투듯 술을 마셔 오전 11시나 오후 3시 정도가 되면 술집마다 술이 떨어졌고, 술이 떨어진 집들은 술집 깃발인 망자望子를 내렸다.

낮부터 시작한 술자리는 밤까지 이어졌는데 한가위 밤이 되면 신분이 높은 집안에서는 돈대墩臺나 정자를 치장하고, 민간에서는 다투듯 술집을 잡아 달구경을 했다. 도성에서는 관현악이 요란하게 울려퍼지고, 궁궐 가까운 곳에 사는 사람들은 깊은 밤 멀리서 들려오는 생황과 피리 소리에 마치 인간세상을 벗어난 것 같은 기분이었다. 동네 젊은 이들은 밤을 새워 놀았으며, 당연히 야시장도 거리 가득 나란히 서서 밤새 영업을 했다.

개방적인 고대 밤놀이 문화

이처럼 1000년 전에도 밤놀이 문화는 결코 약하지 않았다. 이러한 밤놀이가 최고조에 달하는 때는 바로 상원절上元節, 즉 정월대보름이었다. 이때는 등절燈節이라 하여 밤에도 온 도성에 대낮같이 불을 밝혔으

청명상하원에 재현한 채루와 망자를 갖춘 각점. 깃발에 '새 술 新酒'이라 적혀 있다.
ⓒ김민호

머리에 등불을 단 송대 여자. 하남성 등봉^{登封} 벽화를 모사했다. ⓒ송진영

며 부녀자들도 밤거리를 마음껏 돌아다녔다. 남자들은 흰 종이로 나
방 모양을 만들어 긴 장대 위에 붙인 뒤 그걸 머리에 꽂고 사람들 틈을
휘젓고 다녔는데, 종이 나방이 거리 가득한 등불에 비쳐 마치 온 하늘
에 나방이 춤추는 듯했다. 부녀자들은 다양한 장신구를 착용했는데,
특히 개인용 등불을 머리에 쓰기도 했다. 마치 요즘도 놀이공원이나
아이돌 콘서트에 가면 머리에 반짝이는 장식을 달아 돋보이게 하는
것처럼 송대 여성들도 머리에 개인 등을 썼던 것이다. 송대 김영지 등
이 지은 『신편취옹담록新編醉翁談錄』에 의하면 송대 부녀자들은 대추나

밤 크기만한 화양매火楊梅라 불리는 개인용 등불을 머리에 달고 온 성 안을 휘젓고 다녔다고 한다. 이를 통해 당시 밤문화가 얼마나 발전했 는지 미루어 짐작할 수 있다.

　더 놀라운 것은 상원절 밤에 벌어지는 청춘 남녀의 애정 행각이었 다. 길거리에서 처음 만나도 서로 마음만 맞으면 바로 다리 밑으로 내 려가 '야합野合'을 했고, 야합 후에는 아무렇지 않게 헤어졌던 것이다. 마치 오늘날 클럽에서 만난 젊은 남녀가 원나이트를 하고 쿨하게 헤 어지듯 말이다. 이처럼 북송 수도 개봉은 개방적이고, 화려하고, 역동 적이었다. 캄캄하고 아무런 재미도 없을 것 같은 1000년 전 중국 도시 의 밤거리가, 현대 대도시의 밤과 비교해도 손색이 없을 만큼 이다지 화려하고 시끌벅적했을 줄이야.

김민호 ◆ 한림대학교 중국학과 교수
고려대학교 중어중문학과를 졸업하고 같은 대학원에서 문학박사학위를 받았다. 중국사회과학원 문학연구소, 대만 중앙연구원 문철소, 하버드대학 페어뱅크 중국 연구센터 등에서 방문학자를 지냈다. 박사 논문으로 「중국 화본소설의 변천 양상 연구」를 썼고, 화본소설의 주요 배경인 송대 개봉의 사회문화상을 기록한 『동경몽 화록』을 번역했다. 최근 조선 연행사의 중국 견문을 지역별·시대별로 비교분석한 『조선 선비의 중국견문록』을 썼다. 이 외 중국소설, 중국 지역 이미지, 고대 동아 시아 교류 관련 기록에 관심을 갖고 공부하고 있다.

연회차림표

⬦⬦⬦⬦⬦

宴會菜單

만한전석

최고의 만찬

만한전석滿漢全席은 만주족과 한족의 진귀한 요리를 모두 모아놓은 최고의 연회로 알려져 있다. 만한전석의 기원은 강희제가 만주족과 한족의 화합을 위해 천수연千叟宴을 연 것에서 비롯되었다. 원래 민족적 화합을 상징하던 만한전석은 후대로 갈수록 정치적 의미를 잃고, 기루妓樓의 연회를 상징하는 말이 되기도 했지만, 다양한 음식문화의 총체로서 지금도 여전히 최고의 만찬으로 인정받고 있다.

상상의 공동체

명나라 말기 황실의 정치는 극도로 부패하고 혼란스러웠지만, 누르하치는 북방에서 세력을 키워가며 후금을 세웠다. 누르하치는 처음부터 만주족과 한족이 함께 생활하게 하는 정책을 냈고, 만주족은 일찍이 당시唐詩나 『삼국지연의』 등 고전들을 만주어로 번역해 읽으면서 한족 문화를 익혔다. 1644년 도르곤이 무력으로 중국을 통일한 후에도 만 주족은 명대의 정치체제와 지배이념을 계승하려고 노력했다. 유연하 게 한족문화를 받아들이며 생존의 방법을 터득해나갔던 것이다.

하루아침에 나라를 잃은 유민들은 북방 오랑캐에 의해 한족의 왕조 가 몰락했다는 사실을 받아들이기 어려웠다. 일부는 명에 대한 지조 를 지키기 위해 자살하거나 속세를 떠나 은거했다. 죽지 못해 살아가 는 자들은 살아남았음을 스스로 치욕으로 여겼다. 그만큼 청 황조에 대한 한족의 거부감은 극심했고, 낯선 중원으로 들어온 소수의 만주 족이 다수의 한족을 다스리기란 쉽지 않았다.

무력으로 중국을 통일하였기에 만주족은 폭력이 아니라 마음에서 우러나온 공감을 이끌어내야만 했다. 그것이 진짜 항복을 받아내는 길이었다. 시작은 식탁 위에서부터였다. 강희제는 강희 52년1713 회갑 을 맞아 전국에 있는 65세 이상 노인 1000여 명을 궁궐로 초청해 대 연회를 열었다. 그것이 바로 천수연이다. 신분 고하를 막론하고 만주족 과 한족 구분 없이 1000여 명의 노인을 한자리에 초청한 대화합의 장 이었다.

이미 중국을 평정한 자의 여유였을까? 강희제의 포용력은 천수연에 내놓은 음식에서 더욱 빛을 발한다. 만주족에게는 만주족 음식을, 한족에게는 한족 음식을 따로 준비해서 내놓은 것이다. 사람의 입맛은 쉽게 변하지 않는다. 더욱이 60년 이상 살아온 노인에게 입맛에 맞지 않는 음식을 강요하는 것은 고문에 가깝다. 강희제는 한족에게 만주족의 입맛을 강요하지 않았고, 그들 고유의 입맛과 삶의 경험을 인정하는 태도를 보여주었다.

노인들을 초청한 연회는 강희제를 노인을 공경하는 지도자, 효도를 중시하고 유교 정신을 실현하는 황제로 각인시키기에 충분했다. 아직 한 식탁 위에서 만한전석이 탄생하지는 않았지만, 갈등이 아니라 포용과 화합의 정신을 음식으로 구현해낸 연회는 정치적으로 매우 성공한 전략이었다.

당시 천수연이 완전히 화학적 결합을 이룬 자리는 아니었다. 일체감을 꿈꿨지만 아직은 허상에 불과한 상상의 공동체였고, 화합의 형태 역시 일대일의 동등한 관계는 아니었다. 만주족이 주도하여 한족을 끌어안는 형태가 되어야 했고, 만주족이 자신감과 우월감을 드러내는 방식이 되어야 했다. 그리하여 '한만전석漢滿全席'이 아니라 '만한전석'이 되어야 했다. 마치 유황과 수은이 만나 엘릭시르가 되는 것처럼, 만주족과 한족은 치열하게 충돌하면서 융화되는 과정을 겪었다. 이후에는 정치적 의미도 사라지고 만주족의 흔적도 사라졌지만, 누가 뭐래도 만한전석은 최고의 만찬, 누구나 한 번쯤 맛보고 싶은 식탁이 되었다.

살벌한 소고석 달콤한 발발

만주족은 장백산 일대에 살면서 사냥을 중시하던 여진족의 후예로, 그들에게 사냥은 생활에 필요한 자원을 제공해주는 중요한 활동이었다. 사냥한 짐승의 가죽으로 옷을 만들어 입고, 고기는 식재료로 썼다. 공물이나 제물로 바치기도 했다. 노루, 고라니, 꿩, 멧돼지, 곰, 산양 등 이처럼 산에서 날아다니거나 뛰어다니는 짐승들을 야미野味라고 한다. 만주족의 음식은 자연스레 야미를 조리하는 것이 주를 이루었다.

중원으로 들어오기 전, 만주족 황실의 연회는 매우 소박했다. 짐승 가죽을 바닥에 깔고 다 같이 둘러앉아 칼로 고기를 썰어 먹으며 즐기는 것이 연회의 형태였다. 강희제는 검소해서 요리를 많이 올리지 못하게 했다. 육류를 주재료로 하는 만주족의 조리 방식 역시 투박했다. 고기를 불에 굽거나 훈제해 먹는 것이 대부분이었다. 훠궈나 샤부샤부처럼 뜨거운 육수에 데쳐 먹기도 했고, 고기를 말려서 포로 만들어 먹기도 했다. 포는 장기간 사냥을 다닐 때 휴대하기 용이한 음식이다. 이 같은 육류 위주의 요리를 '소고석燒烤席'이라고 한다.

들짐승 요리를 좋아하는 만주족의 식습관은 『홍루몽』에서도 확인된다. 흥미로운 점은 『홍루몽』에는 해산물 먹는 장면이 거의 나오지

만한전석

않는다는 것이다. 게를 쪄 먹으며 연회를 여는 장면이나 제비집을 죽
이나 탕으로 요리해 먹는 장면이 몇 번 나오지만 빈도가 높지 않다. 반
면 사슴구이나 사슴고기 육포, 꿩을 각기 다른 방식으로 요리한 돈야
계炖野鷄, 야계새자탕野鷄崽子湯, 야계조자野鷄爪子 등을 비롯해 메추라기
를 튀긴 작암순炸鶴鶉, 심지어 너구리를 요리한 풍엄과자리風腌果子狸 등
들짐승 요리는 다양하게 등장한다.

　바다의 진미로 알려진 상어지느러미 요리에 대한 묘사는 거의 나
오지 않는다. 『본초강목』에서는 상어지느러미를 맛이 좋아 남방 사람
들이 귀하게 여기는 것이라 했고, 『명궁사明宮史』에서는 희종熹宗이 상
어지느러미와 제비집을 좋아한다고 했다. 황제가 좋아했다니 명나라
에서 상어지느러미는 매우 귀하고 맛있는 식재료로 여겨졌음을 알 수
있다. 그런데 『홍루몽』에서 상어지느러미는 두 번 등장하지만, 막상
요리로 먹는 장면은 나오지 않는다. 귀한 식재료지만 만주족의 입맛
에는 맞지 않았던 것 아닌가 싶다.

　그렇다고 만주족이 살벌하고 투박하게 질긴 고기만 뜯어 먹었다고
생각하면 오해다. 만주족 음식을 대표하는 발발餑餑은 전혀 다른 맛의
세계로 우리를 이끈다. 발발은 만주어로 밀가루로 만든 음식을 가리
킨다. 장소를 옮겨다니며 장기간 사냥을 하는 생활에서는 휴대가 간
편하고 간단하게 먹을 수 있는 밀가루 음식이 발달할 수밖에 없었다.
다양한 재료와 양념을 넣고 끓이는 국이나 탕은 그들에게 사치스러운

요리로 여겨졌을 것이다.

발발의 종류와 형태는 너무 다양해 한 가지 표현으로 옮기기 어렵다. 떡이나 과자 같은 것도 있고, 젤리나 푸딩 같은 것도 있으며, 만두나 전 같은 형태도 있다. 발발은 만주족이 중원으로 들어간 이후 중국 전역에 널리 유행했다. 북경에서는 살기마薩其馬, 사기마沙其馬, 여타곤驢打滾 등으로 불리는 간단한 먹을거리를 파는 가게들이 늘어나기 시작했고, 중원의 입맛도 새로운 것들을 받아들이기 시작했다.

무엇보다 발발은 주로 달콤한 맛이었다. 들짐승 요리의 조리 방식이 간결했다면, 발발은 기름에 부치거나 튀기거나 오래 끓여 깨를 뿌리고 우유나 설탕을 넣는 등 다양한 방식으로 만들었다. 유소발발油酥餑餑, 혼탕과병混糖鍋餅, 차자화소叉子火燒, 사고絲糕 등은 만주족이 가장 좋아한 4대 발발이라고 한다. 유소발발은 바삭한 페이스트리와 비슷하고, 혼탕과병과 차자화소는 화덕에 구운 빵과 유사하다. 혼탕과병은 설탕을 넣어 단맛이 나고, 차자화소는 소금을 넣어 짭조름한 맛이 난다. 사고는 술빵과 비슷한 음식이다. 모두 휴대하기 편하면서 간단하게 요기할 수 있는 음식이다.

들짐승 요리를 좋아한 만주족이 달콤한 맛을 즐겼다니 의외라고 생각할 수도 있지만, 단맛에 대한 욕망은 인간의 본능이다. 더욱이 만주족의 본토였던 건주建州는 꿀 생산지로 유명해, 만주족은 과일을 꿀에 잰 밀전蜜餞도 즐겨 먹었다. 밀전을 '꿀蜜을 바른 전병餞'으로 번역한 인

터넷 기사가 종종 보이는데, 완전한 오역이다. 밀전은 만한전석 코스에 늘 빠지지 않았으니 진정 만주족이 사랑한 음식이라 할 수 있다.

해산물과 채소를 품은 만석

중원으로 내려와 점점 사냥을 하지 않게 되면서 만주족의 생활 방식도 달라지기 시작했다. 강희제는 1684년 만주족 요리 만석滿席 대신 한족 요리 한석漢席을 연회마다 올리라고 명했다. 궁궐에서 연회를 열 때마다 수많은 가축이 희생되는 것을 원치 않았던 것이다. 황실의 요리를 책임지는 광록시光祿寺는 만석이라는 이름은 그대로 유지한 채 식재료에 변화를 주기 시작했다. 가장 큰 변화는 육류 요리가 줄어들고 해산물을 이용한 음식이 늘어난 것이다. 육류를 불에 굽거나 훈제하는 요리가 중심이 되는 소고석의 비중은 낮아지고 제비집과 상어지느러미 요리가 중심이 되는 연시석燕翅席이 주를 이루었다.

　그후 건륭제는 통치하면서 강남에 가장 큰 공을 들인다. 여섯 번이나 순행한 사실만 보더라도 강남이 건륭제에게 얼마나 특별한 곳이었는지 알 수 있다. 강남은 경제적으로 풍요로울 뿐 아니라 호화스럽고 학구적인 풍토에 예술적 품위까지 갖춘 곳이었다. 건륭제는 강남에 대한 통치권을 공고히 하고 한족 문인을 회유하고자 했다. 하지만 그런 정치적 의도가 전부는 아니었다. 그는 강남문화에 대한 깊은 동경을 드러냈다. 특히 미식가였던 건륭제에게 양주揚州 요리는 너무나 매혹적이었다.

양주는 양자강과 경항대운하京杭大運河가 교차하는 지점에 위치한 지역이어서, 남북의 물자가 운송되고 문화가 교류하던 요지였다. 자본이 몰려드는 곳이었기에 음식은 사치스러웠고 양자강 하류에서 잡힌 다양한 해산물이 재료로 사용되었다. 건륭제는 양주 요리 중에서 제비집과 오리 요리를 아주 사랑했다. 황제의 식단을 기록한『어다선방부책御茶膳房簿冊』에 의하면, 건륭제의 식단에는 매번 제비집 요리와 오리 요리가 올라왔다.

황실 음식의 변화는 관료 사회의 연회에도 영향을 미쳤다. 건륭제가 지방으로 순행하면 수많은 만주족 관료가 동행했다. 중앙의 관료들을 맞이하는 지방 관료들은 이들의 취향에 맞춰 만석과 한석을 동시에 준비했다. 만주족 요리에 익숙하지 않은 한족 요리사가 만들어내는 만석은 어설프고 이도저도 아닌 퓨전 요리가 되었을 가능성이 높다. 하지만 수많은 착오 끝에 만석과 한석의 교류가 일어났고, 이는 거대한 문화 교류의 생생한 현장이 되었다.

이러한 상황은『양주화방록揚州畫舫錄』에서 확인된다. 이른바 만한석이라고 하는 요리들을 총 다섯 가지로 구분하여 기록했는데, 다섯 가지가 어떻게 분류된 것인지는 분명하지 않다. 각 분류마다 식재료의 공통점도 없고, 그렇다고 코스 요리의 순서로 보기도 어렵다. 왜냐하면 고기 요리와 해산물 요리, 발발, 전병, 술과 안주 등이 한데 섞여 있기 때문이다.

　두번째 요리 목록에는 붕어의 혀와 곰발바닥으로 만든 즉어설회웅장鯽魚舌燴熊掌, 성성이의 입술을 지게미에 재어 만든 미조성진米糟猩唇, 돼지 뇌로 요리한 탕 저뇌갱猪腦羹, 양 배 속의 새끼腹兒로 만든 가표태假豹胎, 낙타 등을 찐 증타봉蒸駝峰, 너구리고기로 만든 이편반증과자리梨片拌蒸果子狸, 사슴고기를 찐 증녹미蒸鹿尾 등 상상만 해도 무시무시한 요리가 나열되어 있다. 들짐승 요리 위주의 만주족 음식 목록이다.

　하지만 나머지 요리 목록에는 제비집, 해삼, 조개, 새우, 상어지느러미, 미역 등의 해산물과 버섯, 죽순, 무 등의 채소를 활용한 요리가 눈에 띄게 늘어난다. 생선을 재료로 사용하더라도 살이 아니라 생선의 내장이나 여러 부위를 활용하는 요리들이 나왔다. 붕어의 혀로 만든 즉어설회웅장을 비롯해 복어 부레와 소금에 절인 돼지고기를 넣고 끓인 어두외화퇴魚肚煨火腿, 상어 껍질과 닭으로 만든 사어피계즙갱鯊魚皮雞汁羹, 생선 간으로 만든 가반어간假斑魚肝 등이 있다.

　이 외 채소 요리도 몇몇 보인다. 대합과 무채를 넣고 끓인 선정나복사갱鮮蟶蘿蔔絲羹, 버섯과 닭을 끓여 만든 마고외계蘑菇煨雞, 닭과 죽순으로 만든 계순죽雞筍粥, 채소는 아니지만 누에고치로 끓인 견아갱繭兒羹 등은 기존 만석에서 볼 수 없던 요리들이다. 재료가 달라지면 조리 방법, 사용되는 양념에도 변화가 생기기 마련이고, 이에 따라 음식의 맛

도 당연히 달라진다. 『양주화방록』은 만석과 한석이 서로 융화하는 과
정을 그대로 보여준다.

건륭제가 통치했던 시절부터 이미 민간에는 만한전석에 대한 소문
이 자자했다. 하지만 당시 만한전석이 어떤 것이라고 명확히 정해져
있는 것도 아니어서 만한전석은 급기야 일반 음식점, 기루에서 성행
하게 된다. 황실의 식탁을 모방해 화려하고 성대한 연회 자리에 만한
전석이라는 이름을 갖다붙여 쓰기 시작했다. 운하를 자주 오가는 염
상鹽商의 입맛에 맞게 식단이 개조되고, 육류보다 해산물 위주의 요리
가 주를 이루었다. 이로부터 만한전석은 향락적이고 사치스러운 요리
의 대명사가 되었다.

최고의 만찬

만한전석에 대한 큰 오해 중 하나는 만한전석이 황실에서 집대성되
고 완성됐다는 인식이다. 하지만 역사서를 비롯한 그 어떤 문헌에도
만한전석이라는 단어가 정식으로 기록된 적은 없다. 『양주화방록』과
『수원식단隨園食單』에서 언급한 것은 '만한전석'이 아니라 '만한석'이다.
전全이라는 글자 하나의 차이지만, 둘은 의미가 다르다. 이때 만한석은
만석과 한석을 한 식탁에 모두 올린 연회를 가리키는 것이 아니라, 단
지 만석과 한석을 합쳐서 부른 말이다.

산팔진山八珍, 해팔진海八珍, 금팔진禽八珍, 초팔진草八珍, 즉 산짐승, 해산물, 날짐승, 채소 및 버섯으로 만든 각각의 여덟 가지 진미를 아울러 가리키는 사팔진四八珍을 모두 갖추어 내어야 만한전석이 된다는 인식은 청나라 말에 이르러 생겨났다. 여기에는 낙타, 성성이, 백조, 표범 등 지금은 식용이 금지된 동물들이 있는데, 정말로 이 재료들로 음식을 만들어냈는지 의구심이 들기도 한다. 어쩌면 만한전석은 실체 없이 상상 속에서만 존재하는 연회일지도 모른다.

하지만 실체가 모호하더라도 어떠한가. 어쨌든 만한전석은 화려한 연회를 상징하는 말이 되었고, 실체가 분명하지 않기에 우리의 상상력을 더욱 자극한다. 화려한 그릇에 세상에서 가장 맛있는 재료로 만든 음식을 담아낸 식탁은 그 자체로 유토피아다.

만한전석의 '잡종성'이 새삼 우리에게 시사하는 바는 크다. '동同'을 강요하지 않고 '화和'의 세계로 나아가고자 했던 만한전석에서 조화롭게 살아가는 방법을 배우게 된다. 서로 색깔이 다른 조각들은 다름 속에서도 함께 어울리며 커다란 그림을 완성해간다. 다 같은 색이 아니어서 오히려 풍부한 색감을 자랑하는 그림을 완성해가면서 우리는 다양한 목소리가 조화롭게 공존하는 식탁을 상상한다. 맛을 느끼는 데 혀의 미각뿐 아니라 상상력의 비상도 필요하다면 누가 뭐래도 만한전석은 여전히 최고의 만찬이기에 우리는 이 풍성한 연회를 그대로 즐기면 되는 것이다.

김지선 ◆ 동국대학교 중어중문학과 교수

고려대학교에서 중국문학 전공으로 박사학위를 받았다. 중국고전소설 및 문화 등 관련 분야를 연구하고 있다. 저서로『수신기 괴담의 문화사』가 있고, 역서로『신이경』『열녀전』등이 있고, 공저로『붉은 누각의 꿈―『홍루몽』바로보기』가 있다.

중화미각

짜장면에서 훠궈까지, 역사와 문화로 맛보는 중국 미식 가이드

ⓒ 김민호 이민숙 송진영 외 2019

1판 1쇄 2019년 11월 8일 | **1판 6쇄** 2024년 6월 19일

지은이 김민호 이민숙 송진영 외

기획·책임편집 구민정 | **편집** 유지연 이현미 | **디자인** 강혜림
마케팅 정민호 서지화 한민아 이민경 안남영 왕지경 정경주 김수인 김혜원 김하원 김예진
브랜딩 함유지 함근아 고보미 박민재 김희숙 박다솔 조다현 정승민 배진성
제작 강신은 김동욱 임현식 | **제작처** 더블비(인쇄) 경일제책(제본)
펴낸곳 (주)문학동네 | **펴낸이** 김소영
출판등록 1993년 10월 22일 제2003-000045호
주소 10881 경기도 파주시 회동길 210
전자우편 editor@munhak.com
대표전화 031) 955-8888 | **팩스** 031) 955-8855
문의전화 031) 955-8895(마케팅) 031) 955-2671(편집)
문학동네카페 http://cafe.naver.com/mhdn | **트위터** @munhakdongne
북클럽문학동네 http://bookclubmunhak.com

ISBN 978-89-546-5836-2 03900

WWW.MUNHAK.COM